MULTILOGUES

suivi de

DIEU LE VEUT

DU MÊME AUTEUR

AUX ÉDITIONS ACTES SUD-PAPIERS

Pièces détachées, 1986.
L'Odyssée pour une tasse de thé, 1987.
La Cuisse du stewart, 1990.
Tout contre un petit bois, 1990.
Batailles, avec Roland Topor, 1991.
Il faut que le sycomore coule suivi de *Omphalos hôtel* et de *Six pièces minuscules*, 1993.
Monsieur Monde, in *Théâtre contre l'oubli*, 1996.
Théâtre sans animaux, 2001.

DANS LA COLLECTION "BABEL" D'ACTES SUD

Monologues, bilogues, trilogues, n° 286, 1997.
Palace, n° 395, 1999.
Merci Bernard, n° 488, 2001.
Théâtre sans animaux suivi de *Sans m'en apercevoir*, n° 628, 2004.
Musée haut, musée bas, n° 735, 2006.

AUX ÉDITIONS GRASSET

Sursauts, brindilles et pétards, 2004.

AUX ÉDITIONS L'AVANT-SCÈNE

Par-delà les marronniers, 1973.
Jacky Parady, 1978.
Dieu le veut, 1978.

CHEZ CRATER

Le Menu de Frango Twix, 2001.

AUX ÉDITIONS HORS COLLECTION

J'ai encore oublié Saint-Louis, 1992.

CHEZ POCKET

La Petite ONU, 2000.

ISBN 2-7427-6070-9

Illustration de couverture :
Gouache de Gérard Garouste
Portrait de Jean-Michel Ribes

JEAN-MICHEL RIBES

MULTILOGUES

suivi de

DIEU LE VEUT

BABEL

PRÉFACE

Quelques petits textes à jouer si on est pressé et un grand à chanter si on ne l'est pas.

J.-M. R.

MULTILOGUES

ÉPISTOLE

pour Jean-Claude Grumberg

PERSONNAGES

Vivien
Paul

VIVIEN. Mon cher Paul, je vous écris de...

PAUL. Vous pouvez parler plus distinctement.

VIVIEN. Pardon ?

PAUL. Vous n'articulez pas.

VIVIEN. Je n'ai aucune raison d'articuler, j'écris.

PAUL. Oui mais vous écrivez tout haut.

VIVIEN. Et alors ?

PAUL. Et alors je vous entends.

VIVIEN. Eloignez-vous.

PAUL. Pourquoi puisque c'est à moi que vous écrivez ?

VIVIEN. Si je vous écris Paul c'est pour que vous me lisiez pas pour que vous m'entendiez.

Un temps.

PAUL. Vivien, je peux savoir pourquoi vous m'écrivez au mois de mars ?

VIVIEN. Je vous l'explique dans ma lettre.

PAUL. Vous ne l'avez pas encore écrite.

VIVIEN. Non mais je sais ce qu'elle contient.

PAUL. Si vous le savez pourquoi vous ne me le dites pas ?

VIVIEN. Parce que ce n'est pas la même chose.

PAUL. Quoi ?

VIVIEN. Dire et écrire.

PAUL. Ah bon !

VIVIEN. Rien à voir.

PAUL. Quand vous écrivez vous n'employez pas les mêmes mots, les mêmes verbes, les mêmes accents que ceux que vous utilisez pour parler comme en ce moment... ?

VIVIEN. Si mais ils n'ont pas... comment dire... le même poids, la même densité et peut-être pas la même signification.

Un temps.

PAUL. Vous m'écrivez en anglais ?

VIVIEN. Non, mais je vous écris avec la main alors que je vous parle avec la langue.

PAUL. Oui ça je vous remercie.

VIVIEN. Et comme vous avez dû le remarquer la langue est un morceau de chair très court, très innervé et donc très vif, qui remue dans tous les sens ce qui a pour conséquence qu'elle ne dit pas toujours précisément ce qu'on souhaiterait qu'elle dise. De plus le fait qu'elle soit placée dans la boîte crânienne, c'est-à-dire très proche du cerveau, ne donne pas le temps à la pensée de se refroidir.

PAUL. Je vois. Je dois donc m'attendre de votre part à des propos glacés.

VIVIEN. Maîtrisés disons.

PAUL. Maîtrisés !

VIVIEN. Oui, par la main qui va recevoir l'idée apaisée et fortifiée par le long cheminement qu'elle vient d'effectuer de la tête au poignet ne demandant qu'à s'exprimer avec clarté dans les pleins et déliés de ma plume.

PAUL. Permettez-moi de douter.

VIVIEN. Douter ? Douter de quoi ?

PAUL. Que tout ce que vous venez de dire ait du sens. Pardonnez-moi mais comme vous vous êtes expliqué avec votre petit morceau de chair si peu fiable, je doute, oui, que votre discours soit maîtrisé.

VIVIEN. Ne vous inquiétez pas, il l'est.

PAUL. Tiens donc et pourquoi ?

VIVIEN. Parce que je l'avais écrit avant. Vous pensez bien je ne me serais pas risqué...

Un temps.

PAUL. Et ça ?

VIVIEN. Quoi ?

PAUL. Cette carte postale que vous m'avez envoyée de votre lieu de vacances l'été dernier.

VIVIEN. Eh bien ?

PAUL. Lisez-la.

VIVIEN *(lisant)*. "Mon cher Paul. Ici il fait beau. Je me baigne. J'espère que vous allez bien. Amitiés. Vivien."

PAUL. Vous n'avez pas l'impression que votre pensée se soit un tantinet gourée d'itinéraire ?

VIVIEN. C'est-à-dire ?

PAUL. Qu'elle ait raté le bras et se soit dirigée vers la jambe et que vous ayez fini par écrire avec vos pieds !

VIVIEN. Paul, je vous en prie !

PAUL. Enfin Vivien, ne me dites pas que ces trois lignes insipides sont le fruit d'une réflexion ferme et que vous n'auriez pas pu faire mieux en parlant tout simplement !

VIVIEN. Je ne crois pas.

PAUL. Ne vous fichez pas de moi.

VIVIEN. Je vous assure, je me souviens quand je vous ai écrit ce mot, j'étais sur la plage écrasé de chaleur, incapable de prononcer la moindre parole.

PAUL. Vous n'auriez pas été capable de dire "Bonjour Paul, la mer est belle, je nage... !!"

VIVIEN. Je ne pense pas. Et puis si je vous l'avais dit c'est que vous auriez été là et vous auriez donc constaté par vous-même qu'il faisait beau et que je me baignais... alors à quoi bon le dire.

Un temps.

PAUL. Exact.

VIVIEN. Cela dit je suis touché que vous conserviez les cartes postales que je vous envoie.

PAUL. C'est pour l'image. J'aime les dunes.

VIVIEN. Je l'ignorais.

PAUL. Celle du lézard ou celle du vieux avec la cornemuse je ne les ai pas gardées.

VIVIEN. C'est bon à savoir pour la prochaine fois.

PAUL. Je suppose que vous ne passez pas toutes vos vacances près des dunes ?

VIVIEN. Non bien sûr, mais où qu'on soit si on cherche bien on en trouve toujours une ou pour le moins un monticule sableux, surtout quand on sait que ça fait plaisir... "Mon cher Paul, je vous écris de..." Pardonnez-moi je continue parce que le dernier courrier est à dix-neuf heures et j'aimerais autant vous la poster aujourd'hui.

PAUL. Vous n'allez pas me la donner ?

VIVIEN. Non.

PAUL. Quand vous l'aurez terminée vous n'allez pas me la donner ?

VIVIEN. Non.

PAUL. Vous n'oubliez pas, j'espère, que je suis assis en face de vous Vivien ?

VIVIEN. Comment pourrais-je l'oublier Paul ! Vous êtes assis en face de moi depuis quinze ans et trois mois, huit heures par jour, dans le même bureau, avec pour seule interruption quotidienne une halte d'une heure à la cafétéria où la plupart du temps vous parvenez à placer votre plateau en face du mien.

PAUL. Oui, mais je ne choisis jamais comme vous ni chou-fleur, ni cabillaud, ni fromage à pâte molle.

VIVIEN. C'est vrai et au mois d'août vous ne partez pas non plus en congés avec moi, mais le reste de l'année nous pissons très souvent ensemble.

PAUL. Jamais face à face.

VIVIEN. Exact, de profil. Vous avez toujours la délicate attention de choisir un urinoir parallèle au mien.

PAUL. Tout cela pour le plus grand bonheur du personnel et surtout de la direction. Vous le savez bien Vivien.

VIVIEN. Que vous me suiviez chaque fois que je vais aux toilettes les rend heureux ?

PAUL. Non, que les deux experts-comptables de l'entreprise s'entendent si bien les rassure. Les bons amis faisant les bons comptes. Et c'est au nom de notre relation harmonieuse que je vous demande de...

VIVIEN. Non ! Je ne vous donnerai pas ma lettre ! Une lettre qui n'est pas portée par un facteur à l'aube, dont l'enveloppe n'est pas déchirée avec une légère palpitation cardiaque n'est pas une lettre, c'est un pli, un fax ou bien pire un e-mail ! une suite de mots sans âme destinés à la seule communication.

PAUL. Vous savez ce que je pense Vivien ?

VIVIEN. Non.

PAUL. Je pense que vous vous apprêtez à m'écrire une lettre d'amour.

VIVIEN. Moi ?

PAUL. Oui vous. Je ne vois pas d'autre explication à vos cachotteries. Vous n'osez pas me dire que vous m'aimez alors vous me l'écrivez.

VIVIEN. Paul vous ne...

PAUL. Pour ma part je n'y vois aucun inconvénient, il y a longtemps que je l'avais remarqué.

VIVIEN. Que je vous aimais ?

PAUL. Oui.

VIVIEN. D'amour ?

PAUL. Bien sûr. Je me suis toujours dit un jour ou l'autre ça va sortir. On y est.

VIVIEN. Mais... quand vous en êtes-vous... ?

PAUL. Oh de nombreuses fois, mais je dois dire là où ça a été le plus flagrant c'est lors du dernier bilan.

VIVIEN. Ah bon ?

PAUL. Oui, quand vous avez pris ma main, que vous l'avez posée sur la souris de mon ordinateur et que nous avons cliqué ensemble...

VIVIEN. J'ai fait ça ?

PAUL. Oui, et très tendrement Vivien, très très tendrement.

VIVIEN. Ah...

PAUL. Vous voulez que je vous embrasse ?

VIVIEN. Sur la joue ?

PAUL. Non sur la bouche.

VIVIEN. C'est-à-dire...

PAUL. C'est-à-dire quoi ?

VIVIEN. C'est-à-dire… ça vous ferait plaisir ?

PAUL. Ça n'est pas impossible…

VIVIEN. Mais pas avec la langue Paul.

PAUL. Je ne vais quand même pas vous embrasser avec la main !

VIVIEN. Pour la première fois je préférerais.

PAUL. Vous voulez que j'écrive c'est ça ?! Que j'écrive : "Je vous embrasse !"

VIVIEN. Oui je préférerais que votre premier désir pour moi soit maîtrisé.

PAUL. Il faut vraiment que je vous aime… donnez-moi un stylo bille.

VIVIEN. Un bleu, ça vous ira ?

PAUL. Parfait, allons-y…

VIVIEN. Paul.

PAUL. Oui ?

VIVIEN. J'aimerais autant que vous ne m'écriviez pas sur le papier à en-tête de la société.

PAUL. Vous êtes bien compliqué.

VIVIEN. Comprenez-moi, si vous m'écrivez sincèrement "Vivien, je vous embrasse…" j'aimerais autant que ce ne soit pas sous "Marco Frères, pièces détachées et matériel agricole"…

PAUL. Bon, alors du papier blanc.

VIVIEN. Merci Paul, merci beaucoup.

PAUL. De rien.
(Ils se mettent tous les deux à écrire. Quand ils ont terminé ils plient leur lettre et la placent dans une enveloppe qu'ils cachettent d'un coup de langue.)
Voilà.

VIVIEN. Vous passez près d'une poste Paul pour attraper votre RER ? Je me trompe ?

PAUL. Non.

VIVIEN. Ça ne vous ennuie pas de poster la mienne.

PAUL. Pas du tout de toute façon je dois y passer pour la mienne.

VIVIEN. Merci… Bien je me sauve.

PAUL. Moi aussi, j'y vais.

VIVIEN. A demain Paul.

PAUL. A demain Vivien.

REMUGLE

pour Philippe Khorsand

PERSONNAGES

Jean-Bernard
Antoine

JEAN-BERNARD. Je n'arrive pas à croire qu'on ait encore des choses à dire...

ANTOINE. Qui a des choses à dire ? Personne.

JEAN-BERNARD. Non, non, beaucoup de gens disent des choses, beaucoup.

ANTOINE. Aujourd'hui ?

JEAN-BERNARD. Oui là maintenant.

ANTOINE. Quelles choses ?

JEAN-BERNARD. Je ne sais pas, ils parlent. Le matin j'en vois près de chez moi, rue Froissard par exemple ou parfois dans le bus.

ANTOINE. Dans le bus, des gens qui parlent ?

JEAN-BERNARD. Oui.

ANTOINE. Tu divagues.

JEAN-BERNARD. Je t'assure.

ANTOINE. Et qu'est-ce qu'ils disent ?

JEAN-BERNARD. Ils discutent.

ANTOINE. Ça m'étonnerait énormément.

JEAN-BERNARD. Je t'assure.

ANTOINE. Et de quoi ils discutent ?

JEAN-BERNARD. Justement je me le demande… tu as une idée toi ?

ANTOINE. Oui.

JEAN-BERNARD. Vas-y.

ANTOINE. Tu es obnubilé.

JEAN-BERNARD. Moi ?

ANTOINE. Oui tu es obnubilé Jean-Bernard alors forcément…

JEAN-BERNARD. Forcément quoi ?

ANTOINE. Forcément tu vois parler des gens partout.

JEAN-BERNARD. Je n'ai pas dit partout, j'ai dit rue Froissard et dans le bus.

ANTOINE. Tu réalises ce que tu es en train de me dire, Jean-Bernard, tu réalises ?

JEAN-BERNARD. Oui.

ANTOINE. Tu es en train de dire qu'aujourd'hui à Paris, capitale d'un pays qui vient de traverser peu ou prou deux mille cinq cents ans de civilisation, on continue de parler.

JEAN-BERNARD. Oui.

ANTOINE. Comme du temps de Charlemagne, de l'édit de Nantes, de Voltaire ou de l'Exposition coloniale.

JEAN-BERNARD. Oui.

ANTOINE. Avec des phrases structurées par de la grammaire et des idées placées dedans.

JEAN-BERNARD. Probablement.

ANTOINE. Qu'est-ce que tu cherches Jean-Bernard ? A me faire peur ? A me faire croire que ça va repartir ? Que ça repart ?

JEAN-BERNARD. Parce que tu es un ami Antoine, parce que tu es quelqu'un qui ne s'est jamais caché la tête dans le sable, quelqu'un de responsable, parce que surtout ça m'inquiète, oui j'ai décidé de te dire que j'ai vu des gens parler… Excuse-moi c'est trop lourd, je n'arrive pas à garder ça pour moi tout seul.

ANTOINE. Jean-Bernard la première chose à faire c'est de rester calme.

JEAN-BERNARD. Qu'est-ce que tu aurais fait à ma place ? Soi-disant c'est fini, terminé, on est à l'abri, on nous garantit que les trois derniers individus qui se sont exprimés de façon vocale, c'est-à-dire en proférant des phonèmes conceptualisés à partir de leurs bouches, phonèmes destinés à transmettre une information à autrui *via* son canal auditif, ont été repérés dans le Lot-et-Garonne il y a plus de sept ans à la sortie d'une boulangerie... et encore on n'est même pas certains qu'ils s'exprimaient de façon intelligible... des caquètements plutôt, des piaillements... sauf pour une femme qui aurait clairement dit que les croissants au beurre n'étaient visiblement pas au beurre. C'est tout. On ne les a plus jamais entendus. Plus rien. Plus un seul mot prononcé depuis, en France comme en Europe, le calme enfin, en tout cas dans tout l'hémisphère nord, la paix, plus aucun risque de débats, d'altercations, de conférences, de colloques, de conversations téléphoniques ou de conversation tout court, nos enfants peuvent jouer dans la rue en toute sécurité sans risquer d'être contaminés par les boniments d'un voisin, ou l'enseignement de je ne sais quel professeur, plus de haut-parleur, plus de messe basse, plus de discours, ni fables, ni sermons, on respire, caquetage, papotage et commérage ont disparu, enfin nous avançons la tête vide, notre crâne n'est plus le dépotoir cacophonique des jacasseries du monde, plus besoin de questionner, de répondre, de s'informer et autres vaines gesticulations langagières, adieu l'épuisante mise en mots de l'esprit, toute parlerie, de la harangue jusqu'au murmure, est morte et nous commençons à vivre... et puis vendredi dernier, à deux pas de chez moi, rue Froissard, j'aperçois, juste avant de monter dans le bus, deux personnes de taille moyenne qui marchent côte à côte, échangeant des propos comme si de rien n'était, oui Antoine des propos, bouleversé je saute dans le 96 et là, tiens-toi bien, à un mètre de moi, assise sur la banquette arrière, une femme ni belle ni laide se met à parler à haute voix à un vieillard blond !! Et je devrais me taire ! Je devrais ne rien t'en dire, à toi Antoine, qui a tant fait pour que le monde entier la ferme !

ANTOINE. Oui.

JEAN-BERNARD. Quoi oui ? c'est tout ce que tu dis ? oui !?

ANTOINE. Ne compte pas sur moi pour dramatiser Jean-Bernard. D'autant qu'à mon avis il doit s'agir au pire d'un remugle.

JEAN-BERNARD. Un remugle ?

ANTOINE. Oui, un restant, un fond de casserole si tu préfères, rien de plus.

JEAN-BERNARD. Un fond de casserole ! Trois personnes qui parlent devant moi en une matinée, tu appelles ça un fond de casserole ! Sans compter que je n'étais ni dans toutes les rues...

ANTOINE. ... Ni dans tous les bus j'avais bien compris.

JEAN-BERNARD. Et si c'était une épidémie Antoine, le début d'une épidémie très contagieuse ça aussi tu le comprendrais ?

Un temps.

ANTOINE. A quelle distance étais-tu de la femme qui parlait dans le bus déjà ?

JEAN-BERNARD. Un mètre environ.

ANTOINE. Evidemment.

JEAN-BERNARD. Tu penses que j'ai été contaminé ?... réponds... tu penses que je suis malade ?

ANTOINE. Non.

JEAN-BERNARD. Tu es sûr ?

ANTOINE. Ou alors faiblement, une forme bénigne, parce qu'on ne peut pas vraiment dire que ce que tu fais depuis une bonne dizaine de minutes s'appelle parler.

JEAN-BERNARD. Tu dis ça pour me rassurer ?

ANTOINE. Pas du tout. Franchement tu n'as pas dit grand-chose de très fondamental, c'est du petit blabla inoffensif, ça va s'éteindre tout seul.

JEAN-BERNARD. Pourvu que tu dises vrai.

ANTOINE. Ne t'inquiète pas à aucun moment tu n'as été ni fulgurant ni même brillant...

JEAN-BERNARD. Tu me le jures ?

ANTOINE. Juré. Tu peux me faire confiance, c'était comme du vent, même pas, de l'air à peine...

JEAN-BERNARD. Ouf !

ANTOINE. Rien de grave Jean-Bernard, tout va bien.

JEAN-BERNARD. Et toi ?

ANTOINE. Moi ?

JEAN-BERNARD. Tu as parlé aussi.

ANTOINE. Oh tu appelles ça parler…

JEAN-BERNARD. C'est pas moi qui t'aurais… ?

ANTOINE. Mais non, mais non !

JEAN-BERNARD. Parce que je m'en voudrais toute ma vie.

ANTOINE. Sois tranquille je n'arrivais même pas à suivre ce que tu disais tellement c'était creux, ça ne m'a ni touché, ni intéressé, ni quoi que ce soit… ne commence pas à culpabiliser. Je ne me souviens déjà plus si tu as parlé ou pas c'est pour te dire…

JEAN-BERNARD. Merci Antoine.

ANTOINE. Je t'en prie *(un temps)* tu vois ça va déjà mieux, non ?

JEAN-BERNARD. Oui *(un temps)* toi aussi ?

Un temps.

ANTOINE. J'ai l'impression.

Un long temps.

JEAN-BERNARD. Un remugle tu dis ?

ANTOINE. Oui, juste un remugle.

Les deux hommes restent muets un très long temps puis, rassurés, ils sourient.

Noir.

LA SURVIVANTE

pour Garance Blanche

Texte écrit pour *Fantaisies potagères*, mis en scène par Stéphanie Tesson, joué au Potager du Roi en juin 2003.

PERSONNAGES

Le Policier
La Tomate

LE POLICIER. C'est pas trop éprouvant ?

LA TOMATE. Si.

LE POLICIER. Vous voulez prendre l'air ?

LA TOMATE. Non merci, continuons…

LE POLICIER. Nous en étions à Plac… Plac… Crishh…

LA TOMATE. Alors après… SWOOOINNNGUE.

LE POLICIER. Souingue ?

LA TOMATE. Non plus métallique : Swooingue.

LE POLICIER *(écrivant)*. Swoooingue, j'y suis.

LA TOMATE. Troc… Troc… paticlanc, clanc, clanc… gochtonc.

LE POLICIER *(écrivant)*. Gochtonc… oui…

LA TOMATE. Roar… roar… ROAR… ROAR…

LE POLICIER. Ça, c'est le camion qui s'approche…

LA TOMATE. Oui un trente tonnes bleu-gris… toute ma vie je le verrai, énorme, fonçant sur nous…

LE POLICIER. Donc la suite… J'inscris heu…

LA TOMATE. Ce n'est pas difficile à imaginer.

LE POLICIER. Splatch ? Plouitch ?

LA TOMATE. Ce que vous voulez.

LE POLICIER. Disons : SPLOUATCH !… combien étiez-vous dans ce cageot ?

LA TOMATE. Cent vingt, je crois, avec sept concombres sur le dessus.

LE POLICIER. Ça les concombres, pas trouvé… Pour les tomates, on en a ramassé une cinquantaine sur le bord de la route. Toutes très mal en point sauf vous. Le reste, impossible à reconstituer, de la bouillie.

LA TOMATE *(émue)*. Si vous pouviez éviter ce genre de mot.

LE POLICIER. Désolé… On peut dire que vous êtes une vraie miraculée. Si vous voulez bien relire.

LA TOMATE. Ah ! j'oubliais, mais peut-être ce n'est pas important.

LE POLICIER. Je vous écoute.

LA TOMATE. Kaïïïïïï…

LE POLICIER. Kaïïïïïï ?

LA TOMATE. C'est la dernière chose que j'ai entendue avant qu'on soit projetées sur la route et écrasées par le camion qui suivait.

LE POLICIER. Ça ressemble à un cri de chien, non ?

LA TOMATE. Vous savez, moi les chiens, je n'ai pas une passion, j'en vois le moins possible. Alors vous dire comment ils crient...

LE POLICIER. Un chien qui a dû traverser devant la camionnette qui vous transportait, obligeant le conducteur à faire une embardée et votre cageot secoué a basculé sur la route.

LA TOMATE. C'est possible...

LE POLICIER. Donc j'inscris Kaïïïï au début.

LA TOMATE. Ce qui donne ?

LE POLICIER. Ce qui donne : Kaïïï, plac plac... Crishh swooingue troc troc paticlanc, clanc, clanc, gochtong roar ROAR ROAR... SPLOUATCH... ROAR roar roar...

LA TOMATE. Oui, c'est ça *(elle éclate en sanglots)* exactement ça.

LE POLICIER. Je suis désolé.

LA TOMATE. C'est tellement injuste.

LE POLICIER. Comme vous êtes la seule survivante, votre déclaration est capitale pour l'enquête.

LA TOMATE. Je comprends.

LE POLICIER. Si vous voulez bien signer.

LA TOMATE. Signer ?

LE POLICIER. Oui, en bas de la page, là.

LA TOMATE. Vous n'avez pas oublié que je suis une tomate, j'espère.

LE POLICIER. Bien sûr que non.

LA TOMATE. Et que je n'ai ni bras, ni main…

LE POLICIER. Oh ! je suis navré… C'est la première fois que je pose des questions à une tomate, alors…

LA TOMATE. Moi, c'est la première fois que je réponds à un policier et pour autant je ne vous ai pas demandé, je ne sais pas moi, de faire du jus par exemple.

LE POLICIER. Exact.

LA TOMATE. Ni de vous émonder.

LE POLICIER. Vrai… Navré… On est formé trop rapidement dans la police… Je m'en aperçois tous les jours.

LA TOMATE. Quand même ne pas tendre un stylo à une tomate, c'est le b.a.-ba…

LE POLICIER. On n'a même pas eu une heure de cours sur tout ce qui est fruits et légumes, rien, ils ont fait l'impasse… Heureusement je savais que vous parliez, c'est déjà ça.

LA TOMATE. Curieusement, très peu de gens sont au courant.

LE POLICIER. C'est ma mère qui me l'avait dit quand j'étais gosse : "Si tu ne manges pas ta tomate, elle va te gronder !" Ça m'est resté.

LA TOMATE. J'ai toujours pensé que c'était dans sa famille qu'on apprenait plutôt qu'à l'école.

LE POLICIER. La mienne n'a pas dû m'apprendre grand-chose, pour finir dans la police…

LA TOMATE. Si ça peut vous redonner le moral, moi je ne savais même pas que les policiers parlaient…

LE POLICIER. On est pareil d'une certaine façon…

LA TOMATE. J'ai l'impression.

LE POLICIER. Ça vous dirait d'aller prendre un verre ?

LA TOMATE. Et votre rapport ?

LE POLICIER. Je le signerai pour vous… Comment vous vous appelez ?

LA TOMATE. Jacqueline.

LE POLICIER. Je signe Jacqueline la tomate ?

LA TOMATE. Non : Bossard, Jacqueline Bossard. Et vous ? Votre nom ?

LE POLICIER. Laurent Rossignol.

LA TOMATE. J'ai eu un jardinier qui s'appelait Rossignol quand j'étais verte.

LE POLICIER. Vous étiez verte ?

LA TOMATE. Oui, quand j'étais petite…

LE POLICIER. Ah, OK !… Je vous l'avais dit, rien, la police ne sait rien sur les fruits et légumes… d'ailleurs, vous, vous êtes un fruit ou un légume ?

LA TOMATE. Les deux.

LE POLICIER. Vous êtes bi ?

LA TOMATE. Si vous voulez, mais disons que je suis plus attirée par les légumes…

LE POLICIER. Ça tombe bien, moi aussi… On y va ?

LA TOMATE. Vous vous souvenez que je n'ai pas de pieds ?

LE POLICIER. Je vous prends dans ma main ?

LA TOMATE. Si ça vous dit.

LE POLICIER. Ça me dit… ça va, je ne vous serre pas trop ?

LA TOMATE. Non je suis bien.

LE POLICIER. Moi aussi, je suis bien.

LA TOMATE. Vous pensez qu'on va avoir une aventure ?

LE POLICIER. Pour ne rien vous cacher, vous m'avez plu tout de suite.

LA TOMATE. C'est drôle, moi aussi dès que je vous ai vu, j'ai eu… enfin, vous m'avez charmée…

LE POLICIER. J'ai ma voiture en bas, ça vous dirait qu'on parte pour Venise ?

LA TOMATE. Venise ?!

LE POLICIER. Avec le gyrophare, ça va vite vous savez, on double tout le monde…

LA TOMATE. Je vous adore.

LE POLICIER. On enverra une carte postale à ma mère et puis au retour je vous la présenterai, je crois qu'elle sera folle de joie de vous connaître.

LA TOMATE. Et moi, je l'aime déjà.

LE POLICIER. Je prends mon écharpe et nous partons.

Il dégringole les escaliers avec Jacqueline dans sa main.

LA TOMATE. Laurent !

LE POLICIER. Oui, mon amour ?

Un temps.

LA TOMATE. Tu ne me mangeras jamais, n'est-ce pas ?

LE POLICIER. Tu perds la tête, Jacqueline, tu perds la tête ou quoi ?

Il s'installe au volant.

LA TOMATE. C'est curieux la vie par moments, on n'y croit plus, tout vous paraît inodore, sans intérêt ni saveur, et puis vous rencontrez un homme, un vrai avec un revolver, un képi et soudain tout à nouveau a du goût, vous vous sentez belle, faite pour exister pleinement.

LE POLICIER. Si ça ne t'ennuie pas, je te mets dans la boîte à gants, ce n'est pas prudent de conduire avec toi dans une main.

LA TOMATE. Tout ce que tu veux, je le veux mon chéri.

Le gyrophare lance des éclats bleutés, la voiture démarre et s'éloigne vers Venise.

L'AMI INCONNU

Texte inédit.

Un homme marche dans la rue, un autre l'interpelle et le rejoint.

— Pardon !
— Moi ?
— Oui vous... puis-je vous poser une question ?
— Une deuxième alors.
— Si vous voulez. J'aimerais savoir si vous verriez un inconvénient à ce que je devienne votre ami.
— Mon ami ?
— Disons un de vos amis, je ne demande pas l'exclusivité bien entendu.
— Mais je ne vous connais pas !
— Justement !
— Justement ?
— La plupart du temps, quand les gens me connaissent, ils ne souhaitent pas que je devienne leur ami. Profitez-en.
— Désolé, moi je sais tout de mes amis et réciproquement. Enfin, de mes vrais amis.
— Et donc vous devez passer les voir quand ils sont malades, vous souhaitez l'anniversaire de leur

femme, gardez le chien quand ils voyagent en Chine, vous assistez à la crémation de leur mère…
— Oui, et je pars faire du ski avec eux…
— Au risque de vous casser la jambe… c'est cher payé, reconnaissez ! Alors qu'avec un ami inconnu, rien de lourd, de pesant, aucun rajout à la liste déjà trop longue des êtres chers, pas d'encombrements affectifs, ni sentiment de devoir, jamais l'ombre d'une culpabilité si vous manquez une naissance ou un mariage, à peine si nous nous croisons un petit signe de la main accompagné d'un vague sourire et encore, une moue suffit largement et à la rigueur si l'on se sent entraîné par les automatismes de la courtoisie, on peut lâcher un "Comment va l'ami ?" sans le moins du monde se soucier de répondre à "Et toi l'ami ?" que l'autre par réflexe peut vous rétorquer. Croyez-moi, c'est l'idéal de partager une amitié sans en payer le prix.

Un temps.

— Et pour l'argent ?
— Pour l'argent ?
— Oui, si un jour j'en ai besoin, si j'ai un problème d'argent ?
— Eh bien ?
— Eh bien c'est toujours à mes amis que je demande de l'aide.
— Vous demandez à vos amis de vous prêter de l'argent quand vous en manquez, c'est bien ce que vous êtes en train de m'expliquer ?

— Oui.
— Et alors ?
— Et alors je pourrais vous demander de l'argent à vous ?
— A quoi servirait-il que je sois votre ami si vous ne pouviez pas me demander de vous prêter de l'argent ?
— Mais j'ignore tout de vous !
— Quelle aubaine ! C'est un enfer d'aller demander de l'argent à quelqu'un qu'on connaît. S'il est riche, il vous soupçonnera aussitôt d'être ami avec lui pour sa fortune, s'il est pauvre, il vous haïra de vouloir le saigner alors qu'il est exsangue, et s'il n'est ni riche, ni pauvre, arbitre de football, fabricant de gaufrettes ou vendeur chez Volkswagen par exemple, là c'est le pire ! Comment demander de l'argent à un vendeur de voitures allemandes quand on connaît l'état catastrophique du marché automobile à l'export ! Alors que moi, qu'est-ce que ça vous coûte de me demander de l'argent à moi ? Je ne pourrai jamais vous reprocher de connaître l'état de mes finances, ni de mettre à mal trente ans d'amitié puisque la nôtre n'est que de quelques minutes. Là encore, ne suis-je pas l'ami idéal à qui l'on peut demander de l'aide sans crainte ni honte ?
— Vous me prêteriez de l'argent ?
— Non.
— Mais vous venez à l'instant de me dire…
— Je viens de vous dire que vous pouviez sans aucun problème me demander de vous prêter de

l'argent, pas que je vous en prêterais. N'oubliez pas que ce que je veux c'est être l'ami idéal, pas celui qui va vous entraîner dans des dettes qui vont vous ronger l'existence.
— Vous savez, devoir de l'argent à quelqu'un dont on ne connaît ni le nom ni l'adresse, franchement, je m'en fous !
— Je m'appelle Jean-Paul.
— Comme mon frère.
— Aïe ! Ça y est, on commence à se connaître pour une stupide histoire d'argent ! Maintenant vous allez être obligé de penser à moi à la Saint-Jean et à la Saint-Paul, de dire à votre frère que vous avez rencontré quelqu'un qui s'appelle comme lui, il vous demandera qui, vous lui direz que vous ne savez pas, il ne vous croira pas, vous serez obligé de me retrouver pour mieux me connaître à la demande de votre frère à qui vous ne pouvez rien refuser parce qu'il est handicapé…
— Mais mon frère n'est pas handicapé !
— Ah non ?
— Aucunement.
— Vous êtes sûr ?
— Tout à fait !
— Ouf ! Donc je ne connais pas votre frère, pas plus que je ne vous connais, finalement, puisque vous êtes le frère de Jean-Paul que je ne connais pas. Bon, plus de peur que de mal. Nous sommes vierges de toute connaissance… Donc ?
— Donc… ?
— Eh bien… ?

— Bon.
— Bon quoi ?
— OK.
— OK quoi ?
— Allons-y.
— Pour l'amitié ?
— Après tout…
— Merveilleux ! Vous voyez, je ne me fâche même pas de votre manque d'enthousiasme, je ne vous en veux pas de ne pas me serrer contre vous en me remerciant de vous avoir fait rencontrer l'ami idéal ; aucun reproche, aucune contrariété, jamais !
— C'est appréciable, c'est vrai.
— Alors à bientôt l'ami !
— Vous partez ?
— Oui.
— Déjà ?
— Aïe ! Ça vous peine ?
— C'est-à-dire…
— Vous sentez un petit pincement, là ?
— Pas exactement un pincement.
— Oui je vois, vous ne somatisez pas, votre chagrin reste conceptuel…
— Peut-être.
— On est mal partis…
— Vous pouvez me connaître un peu, ce n'est pas grave, l'important est que moi je ne vous connaisse pas.
— C'est contagieux ces choses-là, vous allez forcément avoir envie de me demander, je ne sais pas moi, si j'ai des allergies ou quel est mon dessert favori… et à partir de là on est foutus.

— On peut quand même aller boire un verre pour fêter ça !

— Qu'est-ce que vous voulez que je vous dise… Allons-y !

— Ça n'arrive pas tous les jours de rencontrer l'ami idéal. Je m'appelle Antoine.

— A vos risques et périls.

— Un petit ballon ce n'est pas grand-chose.

— Pas grand-chose, sauf que j'ai déjà envie de te dire que tu as une coiffure de plouc.

— Moi ?

— Oui toi. Je ne vais quand même pas mentir à un ami ! Tu te coiffes avec du beurre le matin ou quoi ?

— En tout cas pas du beurre rance, si tu vois ce que je veux dire !

— Tu veux dire quoi ?

— Que tu sens !

— Que je pue, oui ! Vas-y, dis-le que je pue !

— Tu pues Jean-Paul… si tu n'étais pas mon ami, je ne te le dirais pas.

— On est foutus Antoine, je t'avais prévenu, foutus.

Ils s'éloignent vers un bistrot, on entend encore leur voix.

— Jean-Paul, t'as pas de douche chez toi pour puer comme ça ?

— Non, mais moi je me lave pas les cheveux dans une friteuse, Antoine.

LA PETITE ONU

Texte inédit.

PERSONNAGES

La Femme
Le Mari
Le Casque bleu
L'Homme

SCÈNE 1

Fin de soirée. Vitres brisées, canapé éventré, vases en miettes, une femme hors d'elle poursuit son mari dans un salon saccagé, jetant sur lui toutes sortes d'objets qu'il esquive de justesse.

LA FEMME *(hurle)*. Je te hais ! je te hais ! Je veux que tu meures… !!

LE MARI *(rugit)*. Mais je suis mort ! Vivre avec toi, c'est mourir ! Je suis décédé depuis vingt ans !

LA FEMME. Sauf que tu ressuscites deux fois par semaine pour aller voir ta pouffiasse !

Elle se jette sur lui, un chandelier à la main, le mari l'évite, elle réussit à attraper sa chemise qui se déchire. Le mari la repousse en criant.

LE MARI. Hyène hystérique ! Vampire !

La femme tombe en se cognant sur la table basse qui vole en éclats, mais elle a le temps d'attraper les jambes de son mari qu'elle mord de toutes ses forces. Il gémit de douleur. Tandis que le mari et la femme se battent, un homme pénètre sur scène, costume, cravate, chaussures brillantes, l'élégance tranquille d'un diplomate de carrière. Il s'adresse au public.

L'HOMME. Chez vous c'est la guerre. Cela fait plusieurs mois et peut-être plusieurs années qu'elle dure. Le combat avec votre conjoint fait rage. Votre mari vous blesse, votre femme vous torture, les dégâts matériels sont considérables *(il se baisse pour éviter une lampe lancée par la femme, qui va se briser contre le mur…)* et tout cela dans l'indifférence générale… Vos amis, votre famille, vos voisins font semblant de ne rien voir, terrorisés à l'idée de prendre parti et d'être entraînés à leur tour dans le conflit… *(Le mari pousse un cri de bête, il vient de recevoir une chaise dans le bas-ventre.)* Qui va arrêter le carnage ? Va-t-on aller jusqu'au divorce sans que personne n'intervienne ! Non, car la petite ONU veille !… Sa mission : la paix ! Tandis que l'ONU s'occupe du Kosovo ou de la Côte-d'Ivoire, la petite ONU se charge de votre ménage. C'est la même mission : la paix partout dans le monde, y compris chez vous.

Il sort de la scène tandis que derrière lui le couple en lambeaux continue de s'écharper. Soudain une sonnerie retentit, les époux surpris se figent. La femme fusille son mari du regard.

LA FEMME. C'est elle ! Je ne le crois pas ! Elle ose venir te relancer ici. *(Elle bondit.)* Elle va comprendre !

(Elle saisit la pelle à cendres dans la cheminée et sort de la pièce ivre de rage. On entend la porte d'entrée s'ouvrir. Silence. Un temps. La femme réapparaît, dans le salon, interloquée.)
C'est un casque bleu.

LE MARI *(perdu)*. Quoi ?!

LA FEMME. Un casque bleu je te dis... !

Un grand gaillard en treillis pénètre dans le salon, avec armes, bagages et casque bleu sur la tête.

LE CASQUE BLEU. Madame Labretin ?

LA FEMME. Laventin.

LE CASQUE BLEU. Excusez-moi... Madame Laventin je vais vous demander de placer vos mains sur la tête et de vous tourner vers le mur pour que je puisse vous fouiller.

Totalement sidérée, la femme questionne du regard son mari effondré près de la fenêtre.

LE MARI. Je pense que c'est la petite ONU chérie...

Le casque bleu fouille la femme.

LE CASQUE BLEU. C'est bien, monsieur, d'avoir prononcé le mot "chérie", c'est une première marche vers un traité de paix.

LA FEMME. C'est réflexe ! Il n'en pense pas un mot cette ordure... Dis-le !... Dis-le au monsieur !

LE CASQUE BLEU. Sergent Lundstroem Inkint, 2e régiment aéroporté Malmö… Suède… *(Il sort des poches de la femme un coup de poing américain, des ciseaux et un couteau.)* Tout vous sera rendu à la fin des hostilités.

LA FEMME. Vous êtes suédois ?

LE CASQUE BLEU. Oui madame.

LA FEMME. Vous n'êtes pas noir ?

LE CASQUE BLEU. Non madame.

LA FEMME. D'habitude les casques bleus sont noirs…

LE CASQUE BLEU. Pas du tout madame.

LA FEMME. Ah si ! ceux qu'on voit à la télé, ils sont toujours noirs, hein Georges ?

LE MARI. S'il te dit qu'il n'est pas noir, il n'est pas noir !

LA FEMME. Il n'y a pas une arnaque là-dessous ? Vous n'êtes pas le frère ou le cousin de Suzanne la maîtresse de mon mari ? Elle vous a demandé de m'éliminer c'est ça ?

LE MARI. Vous entendez ! Vous entendez avec qui je vis ! Une dingue ! Vous savez ce que c'est une vraie dingue ? Et les dégâts que ça provoque ?

LE CASQUE BLEU *(souriant)*. Nous nous sommes occupés de monsieur Milosevic, ne l'oubliez pas.

(Le casque bleu tire soudain de son barda un rouleau de fil de fer et le déroule d'un bout à l'autre du salon, séparant la pièce en deux. Le mari et la femme le regardent, ahuris. Il sort une lettre de mission et la tend aux époux.)
Madame, la petite ONU vous a attribué la zone sud de l'appartement et à vous, monsieur, la zone nord... Les toilettes sont en zone neutre, mais vous devrez me demander un laissez-passer une heure avant de vous y rendre... En cas d'urgence la Croix-Rouge a mis à votre disposition ceci... *(Il sort de son barda deux pots de chambre marqués du signe de la Croix-Rouge internationale et les place de chaque côté du barbelé.)* Le secteur de la cuisine est strictement interdit. NO ENTRANCE !

LA FEMME. Quoi !!

LE CASQUE BLEU. Désolé, classé zone à hauts risques... Les casseroles, la vaisselle, les couverts... je pense que vous comprenez.

LA FEMME *(explosant)*. Mais qu'est-ce que c'est que cette histoire ! Qu'est-ce que vous faites ici !?

LE CASQUE BLEU. Madame : je suis là pour faire respecter les droits de l'homme.

LA FEMME. Les droits de l'homme, je rêve ! La cuisine ce sont ceux de la femme *(Elle se retourne vers son mari, folle de rage.)* Dis quelque chose toi espèce de larve !

Le mari, perdu, hésite. Elle attrape une lampe et la lui jette dessus. Elle se brise sur son épaule.

LE CASQUE BLEU. Vous êtes touché ?

LE MARI. C'est bon, juste une égratignure... mais alors, on se nourrit comment ?

Le casque bleu sort de son barda quatre paquets qu'il tend à la femme.

LE CASQUE BLEU. Deux rations par jour, don de Médecins sans frontières.

SCÈNE 2

Il fait nuit. Dans le salon, de part et d'autre des barbelés, le mari et la femme mangent sans appétit leurs rations, tandis que le casque bleu patrouille lentement dans le no man's land le long du barbelé. La femme au bord de la nausée crache la bouchée qu'elle vient d'ingurgiter.

LA FEMME. Pouah ! c'est infect ! Immangeable ! *(Fusillant son mari du regard.)* Quand je pense à ce que tu donnes chaque année à toutes ces associations humanitaires ! Du caviar, il devrait y avoir dans leur repas-minute ! Du caviar ! Qu'est-ce qu'ils en font de ton argent, j'aimerais bien le savoir ! Ils le planquent en Suisse comme Eltsine, Poutine et les autres, ou alors ils vont se payer des filles. *(Elle hurle.)* COMME TOI ! POURRI ! ORDURE ! ILS TE TROMPENT COMME TU ME TROMPES !

Les cris réveillent les voisins qui se mettent à taper contre les murs…

LES VOISINS *(voix off)*. “Silence !” “Ça suffit !” “On dort !” “Vos gueules !”, etc.

Le casque bleu se précipite sur l'interrupteur. Le salon est plongé dans le noir.

LE MARI *(terrifié)*. Qu'est-ce que vous faites ?

LE CASQUE BLEU. Je décrète le couvre-feu… Mesure de sécurité obligatoire quand le conflit risque de s'étendre aux territoires voisins…

LE MARI. Bon ! Moi je suis crevé, il est minuit, je vais me coucher !

LA FEMME. Ah oui à propos comment on fait pour dormir ?!… La chambre elle est zone quoi ? La chambre… ?!

LE CASQUE BLEU. Le règlement a tout prévu madame.

SCÈNE 3

Le mari en pyjama et la femme en chemise de nuit sont allongés dans le lit conjugal de part et d'autre du casque bleu, somnolant entre eux, en uniforme. Le mari se tourne et se retrouve se cognant contre le casque bleu imperturbable. Excédé par le manque de place il se redresse.

LE MARI. Dites vous avez vu la place que j'ai ! Vous ne pourriez pas au moins enlever votre gilet pare-balles ?!

LE CASQUE BLEU. On n'a pas le droit.

LE MARI. Vous savez je n'ai ni revolver, ni mitrailleuse, ni…

LE CASQUE BLEU. C'est pas le problème.

LE MARI *(à bout)*. Alors c'est quoi le problème ?

LE CASQUE BLEU. Le viol !… *(Tête du mari.)* … Rien que l'année dernière en simple mission de nuit comme celle-là, cinq de nos gars dont un officier se sont fait violenter par des couples… Depuis, le port du gilet pare-balles et les genouillères sont obligatoires au lit.

Abandonnant, le mari se laisse choir sur son oreiller en sanglotant.

LE MARI. Je n'en peux plus… JE-N-EN-PEUX-PLUS ! On mange mal, on ne peut pas dormir, on ne peut pas pisser sans un laissez-passer ! Quand tout ça va finir ?!… Quand ?!…

LE CASQUE BLEU. Quand vous aurez signé un accord de paix avec votre épouse, l'ONU me rapatriera aussitôt.

LA FEMME *(se redressant tel un ressort)*. Mais moi je ne veux pas qu'il s'en aille ! Pour une fois qu'il y a un homme, un vrai, près de moi ! *(Elle le serre contre sa poitrine.)* J'avais oublié ce que c'était !

LE MARI *(bondit hors du lit).* Ah non là c'est trop !

Il attrape tout ce qui lui tombe sous la main et le balance sur sa femme qui disparaît sous les draps. Le casque bleu sous cette pluie d'objets se protège comme il peut, décrochant précipitamment son walkie-talkie.

LE CASQUE BLEU. Ici Fox 3 Tango… demande de renforts immédiats… subissons lourd bombardement… je répète : demande de renforts…

Le casque bleu tente de placer l'armoire devant le lit pour protéger la femme des projectiles lancés par son mari. Ce dernier agacé par l'impassibilité du casque bleu le provoque :

LE MARI. Alors qu'est-ce que tu fous ! Bats-toi si t'es un homme !

LE CASQUE BLEU. Désolé nous ne sommes pas autorisés à répliquer. Nous sommes les soldats de la paix monsieur, pas ceux de la guerre.

Cette phrase redouble la rage du mari qui achève de détruire la pièce, balançant chaises, fauteuils, rideaux, tiroirs, etc. sur le casque bleu, tandis que la femme horrifiée se protège derrière le soldat.
La bataille fait rage. L'homme du début pénètre sur scène et s'adresse au public.

L'HOMME. La petite ONU en moins de trois ans a sauvé plus de deux cent quatre-vingt mille couples de la destruction totale, elle a évité à trois millions de personnes la séparation et a épargné à neuf cent mille enfants les traumatismes du divorce. Couples en conflit, avant qu'il ne soit trop tard, appelez la petite ONU. *(Le numéro s'inscrit sur l'écran.)* Elle vous apportera la paix et qui sait peut-être aussi l'amour…

Derrière l'armoire on voit le casque bleu et la femme s'embrasser sauvagement.

RUMEURS

Texte créé en 1972 au Théâtre Pigall's.

PERSONNAGES

L'Homme n° 1
La Ménagère
L'Homme n° 2
Le Bourgeois
Françoise
Bacon

Une rue. Un homme n° 1, imperméable et chapeau mou, marche d'un pas alerte, il a l'air pressé. Il croise une ménagère, les deux bras chargés de paniers à provisions. Un deuxième homme marche tranquillement dans la rue.

L'HOMME N° 1 *(pressé).* Pardon madame, vous avez l'heure s'il vous plaît ?

LA MÉNAGÈRE *(posant ses paniers par terre).* Il est onze heures moins le quart.

L'homme n° 1 la remercie d'un geste de la main et repart d'un pas alerte. La ménagère continue sa route dans le sens opposé, la démarche alourdie par ses paniers.

L'HOMME N° 2 *(reste pantois devant cette scène et murmure).* Ça alors !

Un homme style bourgeois passe dans la rue.

LE BOURGEOIS *(reconnaissant l'homme n° 2).* Tiens Bernard ! Tu vas ?

L'HOMME N° 2 *(hagard).* Ça va !

LE BOURGEOIS. T'as l'air tout chose !?

L'HOMME N° 2. Ecoute, les gens sont incroyables ! Là, à l'instant, devant moi, un type, grand, fort, accoste une brave femme chargée de ses paniers à provisions et lui fait comme ça... "Vous avez l'heure siouplaît !", hautain, sans même se découvrir.

LE BOURGEOIS. Sans même se découvrir !

L'HOMME N° 2. Attends, c'est pas fini : "Vous avez l'heure siouplaît !" Alors la dame gentiment lui sourit, pose ses deux paniers par terre, l'un se renverse à moitié, le type ne se baisse même pas pour l'aider, rien : "Onze heure moins le quart", lui répond la dame ! Et le type repart en la bousculant, sans même lui dire merci, il s'en va...

LE BOURGEOIS. Elle n'a rien dit ?

L'HOMME N° 2. Non, elle a ramassé ses paniers à provisions puis elle est repartie vers sa chaumière, la démarche alourdie, silencieuse dans sa douleur.

LE BOURGEOIS. C'est insensé.

L'HOMME N° 2. Je suis bouleversé... bon ; à bientôt, bonjour à Max.

LE BOURGEOIS. Au revoir Bernard.
(Une jeune femme passe dans la rue.)
Tiens, Françoise.

FRANÇOISE. François ! ça c'est drôle.

LE BOURGEOIS. Dis donc, tu sais ce qui vient d'arriver.

FRANÇOISE. Quoi ? Où ?

LE BOURGEOIS. Ici à l'instant.

FRANÇOISE. Non.

LE BOURGEOIS. Alors, écoute, c'est incroyable : une petite vieille revient de faire son marché pour toute sa famille, toutes ses économies y ont été consacrées, elle marche lentement, courbée...

FRANÇOISE. L'œil triste...

LE BOURGEOIS. Comment le sais-tu ?

FRANÇOISE. Je la vois...

LE BOURGEOIS. Arrive un type serré dans son imperméable noir, il est brun, la peau mate, tu vois ce que je veux dire...

FRANÇOISE. Tu penses !

LE BOURGEOIS. Il la voit, en un bond il est sur elle, il la colle contre le mur et lui dit : "Vous avez l'heure !"

FRANÇOISE. S'il vous plaît ?

LE BOURGEOIS. Comment ?

FRANÇOISE. Vous avez l'heure, s'il vous plaît ?

LE BOURGEOIS. Même pas : Vous avez l'heure ! Glacial. Alors la femme terrorisée pose ses deux paniers par terre, l'un d'eux se renverse, le type a un rire…

FRANÇOISE. … cynique…

LE BOURGEOIS. Exact ! Elle regarde sa montre. "Onze heure moins le quart", dit-elle en relevant la tête, le type avait déjà pris tout ce qu'il y avait dans son panier ! Elle essaie un geste, mais il lui donne un coup d'épaule et part en courant. La pauvre vieille titube puis s'étale de tout son long, se démettant une côte… elle arrive à peine à se relever, regarde son panier vide…

FRANÇOISE. … Deux larmes coulent de ses yeux…

LE BOURGEOIS. … bleus, et elle repart nourrir sa maisonnée avec ce qu'il lui reste dans un panier, en serrant les dents, sans gémir.

FRANÇOISE. Le salaud !

LE BOURGEOIS *(les larmes aux yeux)*. Adieu Françoise.

Françoise, les larmes aux yeux, l'embrasse. Le bourgeois s'en va. Arrive un homme : monsieur Bacon, style sportif.

BACON. Mais c'est la petite Françoise…

FRANÇOISE. … Tout s'en va, tout fout le camp…

BACON. Où ?

FRANÇOISE. La vie, l'amour, la mort…

BACON. Tu as reçu un choc ?

FRANÇOISE. Oui… tout pourrit…

BACON. Un seul ?

FRANÇOISE. Oui.

BACON. Où ?

FRANÇOISE *(montrant son ventre)*. Là.

BACON *(montrant sa tête)*. Pas là… ? *(Elle fait un signe négatif.)* Tiens ! Comment c'est arrivé ?

FRANÇOISE. Bêtement. Une brave femme, la soixantaine, passait là… comme ça, elle passait… là comme ça, elle passait… là comme ça… moi…

BACON. Tu passais aussi là, comme ça…

FRANÇOISE. C'est ça… elle traînait à bout de bras deux misérables cabas, cinquante kilos de pommes de terre, ou quelque chose comme ça… Parfois une tombait, alors elle s'arrêtait et ne la ramassait pas, tant ses forces étaient usées par les ans, le vent glacial lui giflait le visage et ses haillons usés par les ans ne protégeaient pas sa peau ridée, dans ses yeux noirs que des cernes accusaient…

BACON. Par les ans ?

FRANÇOISE. … brillait la petite lueur de vie indispensable pour traîner cinquante kilos de pommes de terre… *(Elle saisit le bras de Bacon.)* Tout à coup, une grosse limousine noire freine : Crrrric ! Un homme en descend, couvert de chevalières en croco et de chaussures en or… le teint basané…

BACON. Je vois.

FRANÇOISE. … Cravate framboise, il croise la villageoise. *(Un temps.)* Et la toise, tu suis…

BACON. Oui, Françoise.

FRANÇOISE. Après avoir allumé un havane, méprisant, il lui souffle la fumée dans la figure : “Merci”, lui dit la femme, ça la réchauffait… “T’as pas l’heure, mémère !” lui crache-t-il à la face… “Si monsieur”, lui répond la dame et elle sort de son cabas une petite montre-gousset qu’elle cachait dans les pommes de terre… “Il est onze heures moins le quart.” Le type éclate de rire, lui arrache ses deux cabas, les jette dans sa limousine, balance un coup de talon dans la tête de la vieille qui gicle sur le trottoir et repart dans sa grosse limousine, brrrrmmmmm…

BACON. Dis donc ! Dis donc ! Dis donc !

FRANÇOISE. Y’avait du sang partout… la vieille femme soubresauta quelques instants, essayant d’attraper le dernier tubercule qui roulait sur la chaussée, puis se tut.

BACON. Et toi… qu’est-ce que t’as fait ?

FRANÇOISE. Moi… J’ai eu un choc… et j’ai vomi… une ambulance est arrivée, l’a emmenée et puis après je ne sais plus ce qui est arrivé…

BACON. Bah dis donc... dis donc... dis donc... viens, je vais te raccompagner.

FRANÇOISE. Non, laisse... Je préfère marcher quelque peu pour que le froid me redonne la force de vivre...

BACON. Tchao Françoise... *(Il met les mains dans ses poches, relève son col, fait quelques pas, à ce moment, la ménagère du début passe avec ses paniers.)* Dis donc ! Dis donc ! Dis donc !

LA MÉNAGÈRE. Tiens, monsieur Bacon.

BACON. Madame Tronche, bonjour ! Dis donc ! Ma pauvre madame Tronche.

LA MÉNAGÈRE. Que se passe-t-il ?

BACON. Terrifiant.

LA MÉNAGÈRE. Expliquez-vous que diable... je suis fort étonnée de vous voir dans cet état-là.

BACON. Un meurtre, madame Tronche, un meurtre.

LA MÉNAGÈRE. Dieu, que me chantez-vous là ?

BACON. Je ne vous chante rien madame Tronche, je vous dis simplement la terrifiante vérité !

LA MÉNAGÈRE. Parlez ami, parlez !

BACON. Une vieille, vieille, vieille négresse, tirant deux cents kilos de pommes de terre...

LA MÉNAGÈRE. Mais encore...

BACON. C'est déjà pas mal...

LA MÉNAGÈRE. Mais après ! si vous voulez...

BACON. Eh bien, la vieille négresse en haillons tirait ses deux cents kilos de patates pour nourrir sa nichée dans sa case.

LA MÉNAGÈRE. ... Affamée... sa nichée !

BACON. Vu son âge, j'allais lui proposer de l'aider quand une énorme voiture noire...

LA MÉNAGÈRE. Noire !

BACON. ... noire !... me coupa la route, freina, crrrriiiicc. *(Deux fois plus prolongé que le crrriccc de Françoise.)* Un homme en descendit, style, euh, euh brun, en descendit, un pardessus, un feutre, il s'approcha de la vieille qui revenait du marché, il se plante devant elle... *(La ménagère grimace, prise par le suspense.)* Il la regarde avec son côté... ananana *(onomatopée arabe)*... et lui dit...

LA MÉNAGÈRE *(de plus en plus convulsée par le suspense)*. ... et lui dit...

BACON. Et lui dit, à cette pauvre vieille *(avec l'accent arabe)* : Pardon-madame-vous-auriez-pas-l'heure !

LA MÉNAGÈRE. Non !

BACON. Si ! La vieille se baisse pour chercher sa montre et paf !

LA MÉNAGÈRE. Aïe !

BACON. Il la surine avec son schlass !

LA MÉNAGÈRE. Il la… avec son… ssss !

BACON. Il vole ses sacs et s'enfourne dans sa voiture qui démarre à double tour… vroummm, vroummmmmmm !

LA MÉNAGÈRE *(tremblante)*. Et puis…

BACON *(mélancolique et monotone)*. Et puis, et puis, et puis la suite ?… Cris de curieux, badauds qui s'évanouissent, sirène, ambulance, infirmiers, brancards, on me bouscule, la pluie qui se met à tomber, les parapluies s'ouvrent, les impers se ferment, mes mocassins trempés, j'ai les pieds gelés. Enfin, la suite, quoi…

LA MÉNAGÈRE *(regardant par terre, frémissant)*. Y'a encore du sang.

BACON *(rêveur, répète mécaniquement les phrases)*. "… pardon-madame-vous-auriez-pas-l'heure…" *(Il hoche la tête.)* C'est trop con !… Allez, au revoir madame Tronche… et puis la vie continue… c'est comme ça…

LA MÉNAGÈRE *(ramassant ses deux paniers)*. Au revoir monsieur Bacon.

Elle fait quelques pas, un homme vient en sens inverse, il a le pas pressé, il s'arrête devant elle.

L'HOMME. Pardon madame, vous n'auriez pas l'heure ?

La ménagère plonge sa main dans son sac, en sort un revolver et tire sur l'homme qui s'écroule et meurt dans un long râle ; une fois qu'il ne bouge plus, la ménagère lui lance…

LA MÉNAGÈRE. Métèque !

Elle repart la tête haute, tenant fièrement ses paniers à provisions.

GUÉRISON

Texte inédit.

Ils discutent en marchant.

— Le mot théâtre vous donne-t-il envie d'aller au théâtre ?
— Ce sont plutôt des amis.
— Qui vous donnent envie ?
— Disons qui m'y entraînent.
— Jamais le mot ?
— Le mot théâtre ?
— Oui.
— Rarement.
— Comme moi. A mon avis, il est foutu.
— Le mot théâtre ?
— Oui, peut-être même est-il mort sans qu'on s'en soit aperçu.
— On en aurait parlé dans les journaux ou à la télé.
— Il n'y a pas de théâtre à la télévision.
— Non, mais il y a des nouvelles, et le décès d'un mot comme théâtre aurait fait des vagues, quand même.
— Vous avez peut-être raison.

— Il est toujours là c'est sûr.
— Pas en grande forme en tout cas.
— Possible.
— Amoindri.
— Probablement.
— Je me demande s'il n'est pas temps qu'on lui rajoute des lettres.
— Des lettres ?
— Oui. Un *e*, un *o*, un *p* ou mieux un *t*, le *t* renforce bien le mot, ça le structure. Ce n'est d'ailleurs pas un hasard si "structure" en a deux. Vous imaginez "structure" sans *t* : "srucure".
— C'est vrai ça ne donne pas très envie de se construire.
— Pour le moins.
— J'ignorais totalement l'importance de la lettre *t* pour le soutien du mot, pour son dynamisme.
— Elle est essentielle. Regardez, pour la prévention du danger, on en a mis trois : ATTENTION ! Que serait ce mot alarme sans ses trois *t (il crie)* :
"A-en-ion l'immeuble s'écroule !" Personne ne bougerait.
— C'est fou, on ne réalise pas que le *t* peut nous sauver la vie.
— Très souvent.
— Ce qui m'inquiète tout à coup c'est qu'il n'y en a pas dans "médecin".
— C'est pour ça que moi j'appelle toujours un docteur. Au moins il y en a un.
— Les bons devraient en avoir deux.

— Doctteur.
— Oui, ou docteurt. Vous avez un rhume, vous consultez un docteur, pour une angine de poitrine, vous courez chez un docteurt.
— Ce serait beaucoup plus simple c'est vrai.
— Plus juste surtout. Et quant à ceux qui ne guérissent jamais personne on leur enlèverait leur *t* au bout de six morts par exemple. Qui alors irait se faire soigner chez un "doceur" !?
— Personne bien sûr.
— Je pense qu'il faudrait organiser une réévaluation des performances de l'ensemble des praticiens suivie d'une répartition de la lettre *t* au vu de leurs résultats.
— Cela permettrait sûrement de rééquilibrer le budget de la santé.
— Ne vaudrait-il pas mieux dire "avec *t*" ?
— Que santé ?
— Oui.
— Non, santé convient parfaitement pour désigner la bonne forme, un mot sans *t* est un mot qui va bien, regardez plaisir, paradis, rebond, envol, cognac.
— Crevette, escargot et lansquenet ne vont pas mal non plus.
— Enlevez leur donc le *t* et vous verrez leur mine.
— Vous avez raison.
— Le *t* est un renfort, une vitamine, parfois une prothèse.
— Mais j'y pense tout d'un coup, le mot théâtre en a déjà deux !

— Vous vous rendez compte ce qu'il porte ?
— Quoi de plus ?
— Deux mille cinq cents ans de tragédies, farces, drames et comédies ! d'Eschyle à Beckett !
— Toute l'angoisse et l'ironie du monde qu'il doit dire avec seulement sept petites lettres !
— Mon Dieu ! vite, rajoutons-lui un *t*.
— A mon avis deux est un minimum.
— Deux ! ça ferait quatre !?
— Pensez à l'avenir.
— Ça va continuer encore longtemps le théâtre ?
— J'en ai peur.
— Bon va pour quatre. Ce qui donne ?
— Thétâtret.
— Thétâtret ?
— Oui. Alors ?
— Pas mal.
— Si je vous proposais d'aller au thétâtret ce soir…
— Je ne dirais pas non, une soirée au thétâtret, ça donne envie !
— Je crois que nous l'avons sauvé !

Un temps.

— Dites-moi ?
— Oui.
— Le mot apéritif vous donne-t-il envie de boire un apéritif ?
— Toujours.
— Moi aussi. Je vous invite à boire un verre au bar du thétâtret, ça vous dit ?
— J'adore les thétâtrets qui ont un bar !

DIALOGUES ET APARTÉS

Pour chanteur et pianiste

Textes écrits pour François Morel et Rheinardt Wagner pour le spectacle *Collection particulière* de François Morel et Jean-Michel Ribes, créé en mars 2006 au Théâtre du Rond-Point.

PERSONNAGES

Le Chanteur
Le Pianiste

I

Une chanson se termine. Le public applaudit. Le chanteur s'approche du pianiste.

LE CHANTEUR. Dites-moi…

LE PIANISTE. Oui ?

LE CHANTEUR. J'aimerais autant que vous ne parliez pas.

LE PIANISTE. Moi ?

LE CHANTEUR. Oui vous, comme à l'instant, là… "moi, moi, moi", que vous ne m'adressiez pas la parole entre les chansons… le piano, la musique, ça, tout ce que vous voudrez, mais faire le malin entre les chansons, non… Attention, je dis ça pour vous… je dis ça pour que le public vous aime, que le public se dise, ce type est formidable… qu'il n'y ait pas que moi de sympathique sur scène, vous comprenez ?

LE PIANISTE. Parce que quand je…

LE CHANTEUR. Vous voyez, ça coupe tout de suite l'ambiance… ce n'est pas de votre faute, vous n'êtes pas doué pour parler... ça arrive, ce n'est pas la fin du monde, mais dans ce cas-là, il faut éviter de le montrer... surtout pendant le récital d'un chanteur... d'un bon chanteur de surcroît... vous êtes d'accord ?... Je sais bien que vous êtes d'accord parce que vous êtes intelligent... ça se voit dans vos yeux... vous avez un très bon regard... profitez-en, regardez les gens... donnez-leur ce qu'il y a de mieux en vous au lieu de faire le paon avec des mots... parce que sinon, vous savez ce qui va arriver si vous continuez à blablater comme ça ?

LE PIANISTE. Non ?

LE CHANTEUR. Vous allez finir par dire un poème.

LE PIANISTE. Un poème de qui ?

LE CHANTEUR. De vous !... Bien sûr de vous !... C'est ça qui m'inquiète... la poésie ce n'est pas très compliqué, vous savez... même vous... avec votre côté artiste, il n'est pas impossible qu'un jour ou l'autre vous fassiez des rimes, si, si, des rimes... c'est vite arrivé ce genre de trucs... et quand on fait un poème et qu'on est assis derrière un piano, en général, qu'est-ce qui se passe ?

LE PIANISTE. Je ne sais pas.

LE CHANTEUR. Ne soyez pas hypocrite...

LE PIANISTE. Non, je vous assure.

LE CHANTEUR. On fait une chanson ! Alors je vous le demande : vous voulez chanter à ma place, c'est ça ? Toute votre petite manipulation depuis dix minutes, c'était pour en arriver là !!?

LE PIANISTE. Mais pas du tout, je vous jure...

LE CHANTEUR. Ne jurez pas ! Surtout ne jurez pas... Dans chaque homme il y a un monstre caché.

LE PIANISTE. Je ne savais pas.

LE CHANTEUR. Mais lui il le sait, le monstre... regardez Landru comme il avait l'air gentil, il avait de bons yeux comme vous, et vous avez vu le résultat !

LE PIANISTE. Monsieur Picasso aussi il avait de bons yeux, et il n'a tué personne. C'est pour ça, vous ne craignez rien avec moi...

LE CHANTEUR. Picasso à la différence de vous il ne parlait pas, il peignait.

LE PIANISTE. Juste... vous aimeriez que je peigne entre les chansons ?

LE CHANTEUR. Que vous ?

LE PIANISTE. Que je peigne entre les chansons ?

LE CHANTEUR. Pourquoi pas... si vous vous taisez en étalant vos couleurs... Pourquoi pas... je vais y réfléchir... On reprend !

Le pianiste joue le premier accord de la chanson suivante, tandis que le chanteur se dirige vers son micro.

II

Le chanteur termine une chanson.
Dès la fin des applaudissements, le pianiste lui fait un petit signe.

LE PIANISTE. Excusez-moi…

LE CHANTEUR. Quoi encore !

LE PIANISTE. Je pense que vous avez fait une erreur toute à l'heure.

LE CHANTEUR. Une erreur ?

LE PIANISTE. Disons une erreur d'appréciation.

LE CHANTEUR. Moi ?

LE PIANISTE. Oui, vous avez dit que je n'étais pas doué pour parler… je ne pense pas que ce soit exact… je ne dis pas que je suis un virtuose du verbe, mais j'arrive très correctement à m'exprimer, on me comprend bien… là par exemple, vous me saisissez sans difficulté… ?

LE CHANTEUR. Alors c'est quoi ?

LE PIANISTE. Le problème n'est pas que je ne suis pas doué pour parler, le problème est que je n'ai rien à dire.

LE CHANTEUR. Et vous trouvez intéressant de m'interrompre pour me dire ça ?

LE PIANISTE. Non, justement, c'est ce que je suis en train de vous dire.

LE CHANTEUR. Alors pourquoi vous le dites ?

LE PIANISTE. Parce que vous aviez fait une erreur d'appréciation tout à l'heure et que je n'avais pas envie que les gens pensent que vous êtes un chanteur approximatif, avec un jugement pas très sûr...

LE CHANTEUR. Je vous remercie.

LE PIANISTE. Moi aussi vous savez, je veux que les gens vous aiment. On doit être aimé tous les deux.

LE CHANTEUR. On reprend.

Le pianiste plaque les premières notes de la chanson suivante, tandis qu'une poursuite saisit le visage du chanteur.

III

Le chanteur enlève sa veste et la tend au pianiste. Le pianiste quitte son piano, prend la veste du chanteur et va la porter en coulisses.

LE CHANTEUR. Ah, je vous supplie de ne pas la mettre…

LE PIANISTE. Vous ne craignez rien avec moi. Je suis comme monsieur Picasso, il ne portait jamais les vêtements des autres.

LE CHANTEUR. Ah, Picasso ne portait pas les… ?

LE PIANISTE. Jamais. Il avait trop peur de les tacher avec sa peinture.

LE CHANTEUR. Et de payer la note du teinturier.

LE PIANISTE. Peu de gens le savent mais monsieur Picasso s'est ruiné en notes de teinturier.

LE CHANTEUR. Il a dû éclabousser des milliers de gens dans son atelier.

LE PIANISTE. Forcément c'est une peinture très gestuelle…

LE CHANTEUR. La vie des grands artistes n'est pas toujours rose…

LE PIANISTE. J'en sais quelque chose !

LE CHANTEUR. Vous n'allez quand même pas vous comparer à Picasso ? Vous n'avez jamais été ruiné par des notes de teinturier que je sache !

LE PIANISTE. Non.

LE CHANTEUR. Vous êtes un homme heureux, vous êtes le pianiste d'un chanteur qui monte.

Le pianiste installe l'échelle.

LE PIANISTE. Vous voulez que je peigne entre les chansons ?

LE CHANTEUR. Que vous ?

LE PIANISTE. Que je peigne ?

Il fait le geste de peindre le plafond.

LE CHANTEUR. Non merci. On reprend.

IV

Le chanteur termine une longue chanson rythmée qui a fait battre les mains du public.
Il est en sueur.
Il salue, s'essuie le front et s'approche du pianiste à côté duquel deux trois bouteilles et des verres reposent sur une petite table.

LE CHANTEUR. Vous permettez ?

LE PIANISTE. Je n'aime autant pas.

LE CHANTEUR. Vous n'aimez autant pas quoi ?

LE PIANISTE. Vous donner mon eau.

LE CHANTEUR. Pourquoi ?

LE PIANISTE. Elle est bénite.

LE CHANTEUR. Vous buvez de l'eau bénite !!?

LE PIANISTE. Attention, quand je joue uniquement… jamais dans la journée… par exemple, je ne bois pas d'eau bénite avec ma femme en mangeant.

LE CHANTEUR. Mais pourquoi en concert ? Ça vous… ça vous donne un coup de fouet l'eau bénite ?

LE PIANISTE. Non.

LE CHANTEUR. Ça vous soigne ?

LE PIANISTE. Non.

LE CHANTEUR. Alors ça vous fait quoi ?

LE PIANISTE. Ça me lave la tête… quand j'en bois je me dis : "C'est complètement dingue, je suis en train de boire de l'eau bénite sur scène !"… et je ne pense pas à autre chose… vous voyez ?

LE CHANTEUR. Pas bien, mais après tout, c'est votre affaire… Alors passez-moi votre coca.

LE PIANISTE. Il est bénit aussi.

LE CHANTEUR. Votre coca, il est… ???

LE PIANISTE. Ah oui, tant que j'y suis le matin je fais tout bénir… vous savez, il y a de moins en moins de prêtres de nos jours, alors quand on arrive à en attraper un… mais il y a un robinet dans les coulisses si vous voulez…

LE CHANTEUR. Je n'ai plus soif ! On reprend !

Les premières notes de la chanson suivante résonnent.

V

Le chanteur s'apprête à commencer une chanson lorsqu'il quitte son micro et rejoint le pianiste.

LE CHANTEUR. Excusez-moi, vous êtes trop dans l'ombre, on ne vous voit pas.

LE PIANISTE. Ah !

LE CHANTEUR. C'est bien d'être discret, mais pas trop quand même… ça finit par se voir… je connais la combine, vous savez, pour éliminer l'autre, rien ne vaut l'excès d'humilité… Tous les gens se disent, le pauvre, on ne le voit pas… le chanteur charrie !

LE PIANISTE. Ah bon ?

LE CHANTEUR. Aidez-moi mon vieux, prenez un peu plus de lumière… vous savez, ce n'est pas facile pour moi non plus d'être obligé d'avoir un pianiste à côté de moi pendant que je chante.

LE PIANISTE. Pourquoi vous ne mettez pas une bande son ?

LE CHANTEUR. C'est pire ! Les gens pensent : le chanteur est jaloux, il veut être seul en scène, c'est un salaud... ! C'est pour ça que vous êtes là, c'est pour que je n'aie pas l'air d'un salaud, sinon croyez-moi...

Le pianiste se met dans la lumière.

LE PIANISTE. Comme ça... ça va ?

LE CHANTEUR. Non. Il ne faut pas exagérer. Là, les gens vont penser que je suis trop généreux. Ils vont me prendre pour un chanteur de l'Armée du salut.

LE PIANISTE. Ah ?

LE CHANTEUR. Ces types qui chantent pour aider les pauvres.

LE PIANISTE. Mais je ne suis pas pauvre.

LE CHANTEUR. Vous n'êtes pas très riche, reconnaissez-le...

LE PIANISTE. Alors où ?

LE CHANTEUR. Bon, restez là... mais alors tournez la tête vers le fond... plus, plus, encore... aidez-vous du tabouret... comme ça, voilà... On reprend...

Le pianiste, dos tourné au public, plaque le premier accord de la chanson suivante.

VI

Applaudissements.
Le chanteur salue.
Au lieu d'entamer une nouvelle chanson, il sort en coulisses et revient sur scène avec un pliant et un panier en osier. Il s'assied tranquillement sur le pliant, sort une serviette du panier qu'il place sur ses genoux, il sort du fromage et le mange...
Après un instant, il parle.

LE CHANTEUR. ... Moi je suis pour la transparence... Tout le monde sait que les chanteurs mangent du fromage pendant leur récital... c'est un secret de polichinelle... Alors à quoi ça sert d'aller se cacher en coulisses pour avaler un morceau de brie de Meaux entre deux chansons... non, moi, j'assume... je le fais devant le public... le public qui comprend parfaitement qu'après un certain nombre de chansons, on a besoin de calcium pour tenir le coup... Un tour de chant c'est comme le Tour de France, ça nécessite de la substance... ça n'est pas un mystère... Claude François, lui, c'était le livarot, Brassens le cantal, Jacques Brel le gouda... Jacques, le pauvre, était terrorisé à l'idée que ça se sache, alors à chaque fois qu'il croquait dans le gouda que lui tenait son manager en coulisses, il se lavait les dents... Vous imaginez l'organisation... d'autant qu'il en avait des dents Jacques Brel !... Léo Ferré, lui, ne pouvait pas chanter *Avec le temps* sans avoir sa dose de Babybel. Il lui en fallait au moins deux portions. Il les cachait dans l'instrument d'un de ses musiciens, en général la contrebasse... écoutez bien ses disques, vous verrez, de temps en temps, la contrebasse a un coup de mou, c'est une corde qui touche un Babybel... quant au grand Serge Gainsbourg, c'était le gruyère, à cause des trous, ça faisait gobelet pour le whisky... moi je prends à peu près cinquante grammes de brie de Meaux par concert, avec un peu de pain... je n'ai pas changé depuis mes débuts... quand un fromage vous va, il faut le garder, ne jamais prendre de risques comme dit mon ingénieur du son... Johnny par exemple, il a toujours marché à la Vache qui rit jusqu'à "Qu'est-ce qu'elle a ma gueule" et puis du jour au lendemain, il s'est mis au bleu d'Auvergne... Franchement, je ne suis pas sûr qu'il ait eu raison... toute la période Vache qui rit était quand même bien meilleure musicalement... Bon, une dernière lichette et puis on va y retourner...

LE PIANISTE. Je peux en avoir un bout ?

LE CHANTEUR. Je vous ai déjà dit non... ça vous graisse les doigts et après vous allez glisser sur les noires...

LE PIANISTE. Vous n'avez pas de parmesan ? C'est sec le parmesan.

LE CHANTEUR. Du parmesan ? Jamais ! C'est trop cher, c'est ce que prend Pavarotti... Ben, vous avez de l'eau bénite ? Restez à l'eau bénite ! Allez on reprend.

LE PIANISTE. Oui... pardon...

LE CHANTEUR. Croyez-moi, restez à l'eau bénite... allez, on reprend !

Il range sa serviette dans le panier en osier, pousse son pliant sur le côté et se dirige vers le micro.

VII

Entre deux chansons, le chanteur s'adresse au public. Il semble vouloir faire une confidence.

LE CHANTEUR. J'aimerais… *(il cherche)*… j'aimerais… oui, j'aimerais m'adresser à vous avec des mots… comment dire… des mots simples… des mots, et surtout avec des phrases toutes simples faites de mots directs, pas compliqués, comme "fleur" ou "ciel" ou "arbre". Le problème, c'est que c'est difficile de parler d'arbre sans parler de feuilles, de racines, d'écorce, de tronc, de sève, de branches… Bref, ça devient vite compliqué, pareil pour "fleur", "ciel" ou "bateau", si je vous dis "bateau" sans ajouter "mer", "soleil", "pêche", etc., à quoi ça sert ? Et si j'ajoute "soleil" à "bateau", il faut que j'ajoute "lune", "planète", "univers", "cosmos"… et dès que j'aurai prononcé le mot "cosmos" et ainsi de suite, les mots simples sont trop compliqués. Le seul mot qui n'est pas compliqué, c'est "compliqué". Quand on dit "compliqué", on sait que c'est "compliqué", c'est tout simple. Donc je vais chanter une chanson compliquée.

LE PIANISTE. Pas trop quand même.

LE CHANTEUR. Non, pas trop. On reprend.

VIII

Après deux ou trois brefs saluts accompagnés de son célèbre sourire modeste, le chanteur s'approche du pianiste.

LE CHANTEUR. Vous voulez bien me donner vos chaussures ?

LE PIANISTE. Mes chaussures ???

LE CHANTEUR. S'il vous plaît.

Le pianiste montre ses pieds.

LE PIANISTE. Celles-là ?

LE CHANTEUR. Oui.

LE PIANISTE. Mais…

LE CHANTEUR. Vous n'en avez pas besoin…

LE PIANISTE. Mais ce sont mes chaussures.

LE CHANTEUR. Je veux dire un besoin vital. La chaussure n'est pas l'élément essentiel chez le pianiste. Un pianiste peut très bien jouer du piano sans chaussures… je ne vous demande pas vos mains, là vos mains je comprendrais, un pianiste sans mains éprouve plus de difficultés avec son piano qu'un pianiste avec mains... quoique, j'ai connu un alpiniste qui avait eu les deux mains gelées en gravissant l'Himalaya eh bien il se débrouillait pas mal... au tambour, mais le tambour ne vous intéresse pas ?

LE PIANISTE. Non. Pourquoi vous me demandez ça ?

LE CHANTEUR. Si vous vous intéressez au tambour ?

LE PIANISTE. Non, de vous donner mes chaussures.

LE CHANTEUR. Est-ce que je pose des questions moi ? Est-ce que je vous demande combien vous avez d'enfants, si votre femme travaille, si vous avez eu des maladies graves ?

LE PIANISTE. J'ai eu une hernie inguinale...

LE CHANTEUR. Moi aussi.

LE PIANISTE. Ce n'est pas très grave.

LE CHANTEUR. Non.

LE PIANISTE. Vous chaussez du combien ?

LE CHANTEUR. C'est une manie cette façon que vous avez de poser des questions sans arrêt ? Vous savez, en général, un pianiste qui accompagne un chanteur de talent ne fait jamais tant d'histoires quand le chanteur de talent lui demande ses chaussures. Vous êtes spécial mon vieux. Très spécial.

LE PIANISTE. Et moi je vais rester pieds nus ?

LE CHANTEUR. Pieds nus ! Tout de suite la fin du monde ! Vous avez des chaussettes de bonne qualité il me semble. Je ne vais pas pleurer.

LE PIANISTE. Vous voulez que je vous les donne sans protester, c'est ça ?

LE CHANTEUR. Oui.

Le pianiste ôte ses mocassins. Le chanteur quitte les siens et enfile aussitôt ceux du pianiste.

LE PIANISTE. Vous les mettez ?

LE CHANTEUR. Qu'est-ce que vous croyiez ? Que j'allais les manger ?

Le pianiste ne parvient pas à glisser son pied dans les chaussures du chanteur.

LE PIANISTE. Elles sont trop petites pour moi.

LE CHANTEUR. Mes chaussures ?

LE PIANISTE. Oui, pas du tout ma taille.

LE CHANTEUR *(piqué)*. Bien sûr, vous vous êtes un grand, immense, et moi je suis un nain, c'est ça ? Vous vous êtes un pianiste géant et moi un chanteur minuscule, c'est ce que vous voulez me dire ?

LE PIANISTE. Non, simplement que…

LE CHANTEUR. Reprenez-les… reprenez vos grandes chaussures !

LE PIANISTE. Mais…

LE CHANTEUR. Restons comme avant, vous un pianiste avec de grandes godasses qu'il ne prête à personne et moi avec mes petites chaussures mais qui continuerai à me battre pour l'égalité entre les hommes, pour dire que bien que ce soit moi la vedette, je peux porter les chaussures de mon pianiste… On reprend !

IX

Après cette dernière chanson la salle éclate en applaudissements. Le chanteur salue à l'avant-scène, bientôt rejoint par le pianiste. Après quelques salves d'applaudissements le chanteur se penche vers le pianiste :

LE CHANTEUR. Vous voyez comme les gens sont contents quand vous vous taisez… ça fait au moins vingt minutes que vous ne parlez pas, regardez le résultat !… Un vrai succès… vous vous seriez tu depuis le début du spectacle on aurait fait un triomphe… je me demande si je ne devrais pas vous bâillonner… vous coller un gros sparadrap sur la barbe par exemple… je me demande… ne garder que votre bon regard… ou alors une cagoule, peut-être, avec juste vos yeux qui sortent. Puisque demain on est à Chamonix on essaiera avec un passe-montagne pour commencer.
(Le portable du chanteur sonne, il l'ouvre et le colle contre son oreille.) Oui… oui… pardon ? Ah, oui… oui, je vous le passe… c'est pour vous monsieur Wagner, l'évêque de Pau.

LE PIANISTE. Monseigneur La Claveterie ?…

LE CHANTEUR. Il m'a juste dit l'évêque de Pau.

LE PIANISTE. Je crains le pire… *(Il attrape le portable du chanteur.)* Allo ?… Non, je suis en train de saluer avec monsieur Morel… je comprends… j'imagine… la semaine prochaine peut-être ? Bien… Merci monseigneur. *(Il raccroche furieux.)* Et merde, ça fait trois fois qu'il me décommande !

LE CHANTEUR. C'est grave ?

LE PIANISTE. Il devait bénir mon whisky demain matin.

LE CHANTEUR. L'évêque de Pau devait… ??!

LE PIANISTE. Bien sûr, à partir de douze ans d'âge il faut un évêque sinon ça ne tient pas. C'est la tuile. Bon. On reprend.

LE CHANTEUR. Ah non, là on arrête, on arrête complètement… *(Ils sortent.)* C'est vous qui lui avez donné mon numéro à l'évêque de Pau ?

LE PIANISTE. Oui… il a une vraie admiration pour vous… il rêvait de vous parler…

ROMÉOUCHE ET HENRIETTE

Texte créé en 1972 au Théâtre Pigall's.

PERSONNAGES

La Mère de Roméouche
Le Père de Roméouche
Le Père d'Henriette
La Mère d'Henriette
Henriette
Le Facteur
Roméouche

Chez les parents de Roméouche, les Dubidouche.
Intérieur bourgeois arrivé.

LE PÈRE *(fumant un clop en robe de chambre grossière).* Minouche ! Minouche !

VOIX DE LA MÈRE *(off).* Je suis sous la douche.

LE PÈRE. Tu n'as pas vu mes babouches ?

VOIX DE LA MÈRE. Elles sont dans leurs houches !

LE PÈRE *(étonné).* Dans leurs houches ?

Il les cherche.

Chez les parents d'Henriette, les de Bergerette.
Intérieur grand style.

LE PÈRE *(fumant un cigare).* Babette… ! Babette… !

VOIX DE LA MÈRE. Je suis au water-closet.

LE PÈRE. Où sont mes socquettes ?

VOIX DE LA MÈRE. Sous la banquette.

LE PÈRE. Sous la banquette ! *(Etonné.)* Sous la banquette !

LE PÈRE *(trouvant ses pantoufles).* Ça y est Minouche, je ne les voyais pas à cause du chasse-mouche.

Il s'installe dans son fauteuil.

LE PÈRE. Je les ai Babette ! Elles étaient près du porte-allumettes.

Il s'installe dans son fauteuil et lit le journal.

LA MÈRE *(sortant de sa douche en peignoir de bain ou robe de chambre).* Ça va la bourche ?

LE PÈRE. S'effiloche... des hauts et des bas : l'écossaise douche.

LA MÈRE *(en robe d'intérieur).* Quoi de neuf sur la planète ?

LE PÈRE. Rien... ah si, Tony épouse Margaret.

Sonnerie.

Les mères vont ouvrir.

LE FACTEUR *(style Arlequin).* Ni démarcheur, ni quêteur, je suis le facteur qui vous apporte un peu de bonheur. *(Il tend aux deux femmes du courrier.)* A tout à l'heure.

Il s'en va.

LE PÈRE. Minouche ?

LA MÈRE. Rien d'intéressant, une carte d'Antioche.

LE PÈRE. Babette !

LA MÈRE. Pas grand-chose, tante Eliette qui nous parle de son diabète.

La mère tousse.

La mère tousse.

LE PÈRE. Tu touches ?… C'est la coqueluche.

LA MÈRE. Non, c'est mon rince-bouche.

LA MÈRE. Non, c'est la cigarette…

Le père frappe violemment sur la table avec sa main, puis la soulève tout doucement et regarde la table. La mère l'interroge du regard.

Le père : jeu identique au même instant.

La mère : jeu identique au même instant.

LE PÈRE. Une bête.

LE PÈRE. Une mouche. *(Tout à coup tendre, il prend sa femme par la taille.)* Tu es belle ma perruche !

LA MÈRE *(minaudant)*. Pas touche ! Pas touche !

LE PÈRE ET LA MÈRE *(se font des "mamours")*. Bondouche, toutouche, sousouche…

LE PÈRE ET LA MÈRE *(jeu identique)*. Mimette, ninette, poussette, rénette, mémette…

Sonnerie.
Les mères vont ouvrir.

LE FACTEUR. Ni bridgeur, ni maraudeur, je suis le facteur qui vous apporte malgré l'heure un peu de bonheur. *(Il tend aux femmes du courrier.)* A tout à l'heure !

LA MÈRE. Encore une carte d'Antioche.

LA MÈRE. C'est tante Paulette qui se trouve trop rondelette…

Le père chatouille la mère.

Le père : jeu identique.

La mère hurle et glousse.

La mère hurle et glousse.

Cris.

LE PÈRE. Ça se croit tout permis ces aristoches. Un jour je leur tirerai une cartouche.

LE PÈRE. Et ça y est, ça crie à tue-tête, un jour j'appuierai sur la gâchette, il aurait mieux fait de rester à Nazareth.

LA MÈRE. Et leur sale mioche…

LE PÈRE. Qu'elle est moche leur sale mioche !

LA MÈRE. A propos, il est tard, que fait Roméouche ?

LE PÈRE *(regardant sa montre)*. Il est grand temps qu'il se couche.

LE PÈRE. Onze heures dix-sept ! Que fait Henriette ?

LA MÈRE. Elle devrait être rentrée il y a belle lurette.

LE PÈRE. Elle doit encore traîner avec leur fils le pickpocket !

LA MÈRE. Et sa pétrolette !

LE PÈRE. Quel intérêt ?

LA MÈRE. … Ette !

LE PÈRE. Quel intérette ! excusette !

LE PÈRE. Si jamais il est encore avec leur mioche moche…

Sonnerie.

LA MÈRE *(allant ouvrir)*. Ah !

LA MÈRE *(allant ouvrir)*. Ah !

Les mères ouvrent la porte.

LE FACTEUR. Ni pêcheur, ni débardeur, je suis le facteur qui vous apporte malgré l'heure un peu de bonheur.

Il donne du courrier.

LE PÈRE. C'est tante Rosette qui a perdu sa chatte grisette ?

LA MÈRE. Non c'est l'oncle Albert qui est devenu proxénète.

LE PÈRE. Encore une carte d'Antioche !

LA MÈRE. Mais que fait Roméouche ? S'il est encore avec la sainte-nitouche...

LE PÈRE. Mais que fait Henriette ! Si elle traîne avec cette mauviette !

Sonnerie.
Les mères vont ouvrir. Apparaissent, chacun du côté de sa famille, Roméouche et Henriette. Roméouche style blouson noir sympathique, Henriette petite bourgeoise de bonne famille.

ROMÉOUCHE. Saluche !

LA MÈRE. Approche Roméouche.

LE PÈRE. Alors, on découche ?

LA MÈRE. Quand ton père te parle, enlève ta capuche.

LE PÈRE. Tu veux un revers de paluche ?

Scène de reproches identique, mais muette.

LA MÈRE. Où étais-tuche ?

LE PÈRE. Alors Roméouche !

ROMÉOUCHE. Pouche !

LA MÈRE. Alors Henriette !?

ROMÉOUCHE *(d'un seul trait jusqu'à "escarmouche").* Je-reviens-tard-de-l'atelier-parce-que-sur-la-route-avec-ma-moto-j'ai-eu-une-petite-escarmouche ; voilà c'est touche !

LE PÈRE. Une escarmouche !

HENRIETTE. Alors j'ai raccompagné la sœur de Lucette, la cadette qui joue des castagnettes, mais si, un peu suffragette, avec des bouclettes et une casquette ! Le style midinette snobinette !

ROMÉOUCHE. Mais une escarmouche dans un virage louche, une super-galipette sur ma motocyclette pour éviter une estafette...

Regard lourd de reproche du père et de la mère, Roméouche s'aperçoit qu'il s'est trahi, il baisse les yeux.

HENRIETTE. Mais si, la nénette avec sa grande bouche et qui louche...

Les parents ont un regard lourd de reproche, ils viennent de comprendre.

Le père s'approche de Roméouche et lui donne un coup dans le ventre.

Le père s'approche d'Henriette et la gifle.

ROMÉOUCHE. Ouch !

HENRIETTE. Ette !

LE PÈRE. Avec cette petite cruche !

LE PÈRE. Avec ce pique-assiette !

ROMÉOUCHE. Oui je l'aime.

HENRIETTE. Oui je l'aime.

ENSEMBLE. Et nous avons déjà un gage de notre amour.

Entre un enfant.

LE PÈRE ET LA MÈRE. Oh !

LE PÈRE ET LA MÈRE. Oh !

HENRIETTE. Elle s'appelle Mouchette !

LA MÈRE. Tu te souviens elle était grassouillette…

CHŒUR DES MUSICIENS. Ils s'aiment, ils sont jeunes, ils s'aiment, ils sont jeunes, ils s'aiment, ils sont jeeeeuuunes et ils s'aaaiiiiimmmmmeeeeeennnnnnttttt !

Pendant que les musiciens ont chanté, on a dressé une table de mariage, chaque famille d'un côté, au bout Roméouche et Henriette, entre eux, leur fille Mouchette.

Sonnerie.

LE FACTEUR *(entre sans qu'on lui ouvre)*. Ni aspirateur, ni prestidigitateur, je suis le facteur qui vous apporte un peu de bonheur.

LE PÈRE *(l'invitant à s'asseoir)*. Prenez une assiette.

LE FACTEUR. A la bonne heure, je suis bon viveur.

Il s'assoit.

LA MÈRE *(passant les plats)*. Rillettes ? Andouillette ? Ciboulette ?

LE PÈRE. Un petit coup de rouche ?

LE FACTEUR. Hum ce chou-fleur, quelle saveur !

MOUCHETTE *(rageant)*. Je voudrais une fourche…

La famille de Bergerette se lève, indignée.

MOUCHETTE. … ette

LA FAMILLE DE BERGERETTE. Ah !

LE PÈRE. A propos où étais-tu partie, hier soir, Minouche ?

LA MÈRE. Faire quelques courches.

LE FACTEUR *(se léchant les babines).* Hum ce chou-fleur, quelle saveur…

LE PÈRE. Hier. Hier matin où étais-tu Babette ?

LA MÈRE. Des emplettes aux Galeries Lafayette. Henriette la fillette, passe-moi la ciboulette avec du beurre… c'est meilleur.

Le mari renverse à moitié le verre qu'il tient à la main.

LA MÈRE. On mange, on mange mais j'ai des aigreurs du côté du cœur

Le mari s'étouffe à moitié avec sa bouchée.

Musique suspens.

Les deux femmes deviennent écarlates, les deux maris regardent le facteur qui, gêné, enlève sa serviette, se lève en souriant et dit en sortant…

LE FACTEUR. Bon… bon je change de nom, je prends l'avion pour le Gabon où je planterai de l'estragon et du rhododendron en rond…

Noir.

PETIT THÉÂTRE DE LA POSTE

I. Le XVIIIe siècle

CORRESPONDANCES ÉCLAIRÉES

Ce texte a été créé par Jean Rochefort et Danièle Lebrun au Festival de Saint-Cloud.

Le Roi-Soleil s'éteint, les philosophes allument les lustres, la guillotine coupe le courant. C'est le XVIIIe siècle. Un siècle bref : 1715-1789. On découvre qu'en la secouant un tantinet, la pensée peut remplacer la chandelle. L'esprit est inflammable. Frottée contre la bêtise, la cire cérébrale s'allume. Ce nouveau jeu amuse tout le monde. Bientôt, il n'est pas un Français qui ne se remue la cervelle pour y faire naître une étincelle. Le pays scintille, c'est le Siècle des lumières. Mais, ne l'oublions pas, cette période éclairée fut aussi celle des libertins qui, dans le secret de l'alcôve, imprimèrent le mouvement des idées à celui de leur sexe, au grand plaisir des dames. Le Siècle des lumières fut aussi celui de l'abat-jour.

C'est grâce au courrier que les idées se répandirent dans tout le pays. La correspondance fut à la lumière du XVIIIe siècle ce que l'EDF est à celle d'aujourd'hui : un diffuseur.

Voici quelques exemples de lettres qui raconteront mieux que tout discours savant ce que fut cette période qui mit de l'électricité dans l'air.

Merci au musée de la Faute d'orthographe française de nous avoir permis de les publier.

Château de La Brède près Bordeaux,
le 10 octobre 1718

Lettre de Montesquieu à M. Arouet, dit Voltaire, café Le Procope, *Paris*

François Marie, mon ami,

Pardonne le tremblement de mon écriture, je viens de goûter ma dernière vendange. Dieu que mon vin est bon, tralalilère, tralalilon ! Prends un coche et accours en boire, après je dirai des contrepets qui te font tant rire et toi tu feras l'idiot Candide pour m'amuser. J'en reprends un gorgeon. Dieu qu'il est bon, tralalilère, tralalilon. Je termine en rimes :

Galope, pour boire mon vin, Voltaire,
Après nous nous roulerons par terre !
Je t'attends à la cave.

MONTESQUIEU

Paris, le 17 octobre 1718

Lettre de Voltaire à M. de Montesquieu, château de La Brède

Je ne peux pas venir, Charles, je me suis tant bituré hier au *Procope* qu'on m'a embastillé. Ce n'est que partie remise. A propos, toi aussi, tu as dû en tenir une bonne, mon cochon ! Il fallait vraiment que tu sois plein comme une outre pour m'écrire une lettre en persan ! Continue de t'occuper de ta vigne et cultive ton jardin, on ne sait jamais, des fois qu'il y pousse encore du clairet.

A bien vite.

VOLTAIRE

*

Paris, le 8 juin 1743

Lettre de Diderot à M. d'Alembert,
Académie royale des sciences, Paris

Jean,

Hier encore, à dîner, mon rôt est tombé sur le sol et le vase qui contient le vin l'a suivi, se rompant le cul. La raison est que ma table est bancale. J'ai eu l'idée de l'équilibrer en plaçant sous le pied trop court un vieux dictionnaire. L'effet est saisissant. La table n'a jamais été si forte et si bien disposée.

Notre siècle, j'en suis sûr, est rempli de tables bancales. Que dirais-tu si nous fabriquions tous les deux une sorte d'encyclopédie pour aider nos compatriotes à manger droit ? Grâce à ta connaissance des mathématiques, tu calculerais la juste mesure des volumes et moi, qui sais quelquefois convaincre, j'irais les vendre. On pourrait gagner facilement quelques sols.

Qu'en penses-tu ?

Ton dévoué,

DENIS DIDEROT

P.S. : Le neveu de Rameau est d'accord pour nous aider.

Paris, le 10 juin 1743

Lettre de d'Alembert à M. Diderot, Paris

Pas con !

D'ALEMBERT

*

Ermenonville, le 20 août 1744

Lettre de Rousseau Jean-Jacques à M. Jean-Jacques Rousseau, Ermenonville

Mon seul ami,

Plus je me promène solitaire, plus je pense que la nature est bonne et l'homme méchant. Que penses-tu de ma pensée de promeneur solitaire ?

Ton promeneur solitaire à jamais fidèle,

JEAN-JACQUES

Ermenonville, le 20 août 1744

Lettre de Jean-Jacques Rousseau
à M. Rousseau Jean-Jacques, Ermenonville

Mon grand ami,

Je viens de recevoir ta lettre alors que je rêvais solitaire dans la nature qui est si bonne. Ce que tu m'écris est juste, beau et vrai. Oui, mille fois oui, la nature est bonne et l'homme méchant !

Et si nous inventions le germe du communisme ? Comme ça, les hommes deviendraient encore plus méchants et tueraient tout le monde, surtout Voltaire qui commence à me les casser avec ses bouquins merdeux qui se vendent mieux que les nôtres.

Je repars rêver solitaire dans la nature qui est si bonne et Voltaire si méchant.

Ton seul ami,

JEAN-JACQUES

*

Fontenoy, 11 mai 1745

Message du comte d'Auteroche envoyé sur le champ de bataille à Lord Charles Hay

Messieurs les Anglais, tirez les premiers !

COMTE D'AUTEROCHE,
commandant des Gardes françaises

Fontenoy, 11 mai 1745

Message retourné sur le champ de bataille par Lord Hay au comte d'Auteroche

On veut d'abord savoir ce qu'il y a au bout de la corde.

LORD CHARLES HAY,
commandant le Royal écossais

*

Versailles, le 29 mars 1757

Lettre du roi Louis XV à Mme la marquise de Pompadour, hôtel d'Evreux, Paris

Ma douce,

Nous avons hier assisté en place de Grève à l'écartèlement de Damiens. Tu sais, ce petit domestique qui m'a coupé le flanc avec son canif en voulant jouer à Ravaillac. Attaché sur une roue, on lui a d'abord versé du plomb dans chacun de ses membres après qu'ils eurent été tenaillés pour en ouvrir la chair. Les chevaux ont ensuite été fouettés et sont partis au grand galop répandre les parties de son corps en quatre directions différentes. Cela a pris en tout une heure et quart. Nous en sommes sortis échaudés et la tête remplie de nouvelles idées pour notre galant rendez-vous de ce soir.

Viens vite.

LOUIS XV

P.S. : Si tu ne trouves pas de tenailles, apporte au moins un marteau.

Hôtel d'Evreux, le 30 mars 1757

Lettre de la marquise de Pompadour à Sa Majesté le roi, à Versailles

Monarque aimé,

Faites mander votre putain la Du Barry pour vous prodiguer ces plaisirs d'ouvriers et accordez-moi la faveur de continuer à vous fouetter avec mes roses.

Votre Cupidone,

JEANNE ANTOINETTE D'ÉTIOLES,
marquise de Pompadour

*

Versailles, le 18 février 1756

Lettre de Louis XV au duc de Broglie en campagne

Monsieur,

Nous avons décidé de faire une guerre de Sept Ans pour qu'elle atteigne l'âge de raison et se transforme naturellement en paix.

LOUIS XV

En campagne, le 20 février 1756

Lettre du duc de Broglie
à Sa Majesté le roi de France

Sire,

Votre Majesté est sage dans tout ce qu'elle décide. Permettez cependant à l'un de ses humbles serviteurs de rappeler à Votre Majesté que si elle souhaitait poursuivre son combat contre ses ennemis, les guerres de sept à soixante-dix-sept ans peuvent être follement amusantes pour la jeunesse.

LE DUC DE BROGLIE

*

Ajaccio, le 16 août 1769

Lettre de Letizia à Charles Bonaparte,
en voyage en Corse du Sud

Cher époux,

J'ai le bonheur de t'annoncer la naissance de notre deuxième fils. Je l'ai mis au monde hier. Il se porte bien et je suis en bonne santé. Pourvu que ça dure ! Tout irait bien, comme tu vois, si ce n'est que j'ai oublié comment tu voulais l'appeler.

Ecris-moi vite le prénom que tu lui as choisi : je ne voudrais pas que cet enfant restât anonyme trop longtemps.

Ton épouse qui t'aime,

LETIZIA

Corse du Sud, le 19 août 1769

Lettre de Charles à Letizia Bonaparte, Ajaccio

Chère épouse,

Ainsi donc, tu me fais encore le bonheur d'un garçon ! Il me tarde de voir sa frimousse. Son prénom ? Hélas, tu sais que j'ai juré à mon arrière-grand-oncle sur son lit de mort qu'un de mes fils s'appellerait comme lui. Je n'ai pas eu le courage d'infliger ce nom grotesque à notre aîné, qui s'appelle Joseph, grâce à Dieu. Mais aujourd'hui, je ne peux plus me dérober à mon serment. Si nous n'avions plus de fils, je mourrais parjure, ce qui est une infamie pour un Corse. Ce petit dernier s'appellera donc "Napoléon". Le pauvre, j'ai honte pour lui, espérons qu'il surmontera ce handicap et prions Dieu qu'on ne le surnomme jamais comme son grand-oncle : Napoléon tête de con.

Courage. Je t'envoie toute mon affection.

CHARLES BONAPARTE

*

Versailles, mai 1774

Lettre de Louis XV à M. le Dauphin

Monsieur notre petit-fils,

La toux nous emporte chaque jour un peu plus. Il m'étonnerait que nous passions l'été. Je vous lègue la France et ma commode. J'ai imprimé mon style à l'une comme à l'autre. Si vous n'êtes pas l'imbécile que l'on dit, tâchez de sauver la première de la ruine en vendant des copies de la seconde. Souvenez-vous qu'au point où nous en sommes, à part les antiquaires, nous ne voyons pas qui peut nous sauver.

Soyez l'ébéniste salvateur dont le pays a besoin.

LOUIS XV

Versailles, mai 1774

Lettre du Dauphin
à Sa Majesté le roi Louis XV

Sire,

J'ai bien reçu la France et votre commode. La première est incompréhensible et la seconde fermée. Il ne me reste plus qu'à fabriquer des clefs. Merci quand même.

LOUIS FUTUR XVI

*

Paris, le 17 décembre 1785

Lettre du docteur Guillotin
à M. Caron de Beaumarchais

Monsieur,

Figaro-ci ! Figaro-là ! Votre coiffeur est sur toutes les bouches. Il triomphe. Paris l'adore. Insatiable gourmand, le public vous redemandera encore de ce barbier. Au cas où cela vous intéresserait pour une prochaine pièce, votre Figaro m'a donné l'idée d'une nouvelle machine à couper les cheveux.

Je reste à votre disposition pour vous en parler.

DR GUILLOTIN

Paris, le 20 décembre 1785

Lettre de Beaumarchais
au docteur Guillotin à Paris

Docteur,

Apportez-moi votre machine, on ne sait jamais, c'est peut-être le début d'une nouvelle histoire qui pourrait amuser les gens.

Votre obligé,

BEAUMARCHAIS

*

Paris, le 13 mai 1782

Lettre de Danton
à M. Riqueti, comte de Mirabeau

Bon sang, Mirabeau, presse-toi ! Nous avons à travailler encore à nos idées, sinon elles ne seront jamais prêtes pour 89 ! Le jeudi 15 est férié. Je t'attends vendredi.

DANTON

Paris, le 14 mai 1782

Lettre de Mirabeau à Me Danton, avocat à Paris

Désolé, Georges. Je ne viendrai pas travailler vendredi. Je suis épuisé.
Je fais le pont,

MIRABEAU

*

Annonay, le 8 novembre 1783

Lettre de Joseph Montgolfier
à Etienne Montgolfier, à Paris

De l'air chaud, Etienne ! Juste de l'air chaud !

Et ce putain de ballon s'est envolé ! On avait bien besoin de se casser la tête !

Ton frère,

JOSEPH MONTGOLFIER

Paris, le 15 novembre 1783

Lettre d'Etienne Montgolfier
à Joseph Montgolfier, à Annonay

De l'air chaud ? Je n'en reviens pas ! Dis donc, et si on mettait tout bêtement de l'eau chaude dans le café ? Qu'est-ce qu'on risque ?

Ton frère,

ÉTIENNE MONTGOLFIER

*

Le Petit Trianon, le 15 avril 1784

Lettre de la reine Marie-Antoinette
à Son Excellence le cardinal de Rohan

Monsieur le cardinal,

Voici une nouvelle qui va faire plaisir au pieux prélat que vous êtes. Hier, en nettoyant ma ferme avec la comtesse de La Motte, j'ai constaté que plusieurs de mes lapins étaient fort catholiques : figurez-vous qu'ils font leurs crottes en chapelet !

Je ne désespère donc pas que vous trouviez enfin l'animal très royaliste qui les fasse en collier.

J'ai un bal mercredi, dépêchez-vous !

MARIE-ANTOINETTE

P.S. : Rappelez-vous que je considère toute crotte en dessous de 10 carats comme de la merde.

Paris, le 17 avril 1784

Lettre du cardinal de Rohan
à Sa Majesté la reine Marie-Antoinette

Majesté,

J'ai trouvé l'animal. Il se nomme M. Cagliostro, c'est un bel étalon italien. Regardez dans sa culotte, il a de magnifiques bijoux qui, je l'espère, vous réjouiront.

Votre toujours respectueux,

CARDINAL DE ROHAN

*

Paris, le 5 août 1785

Lettre de Brillat-Savarin à M. Parmentier,
apothicaire major de l'hôtel des Invalides

Monsieur l'apothicaire,

J'ai bien reçu la plante solanacée aux tubercules imposants que vous avez rapportée du Hanovre et dont vous me dites tenter la culture dans la plaine des Sablons, à Neuilly. Vous m'avez demandé de la goûter, malgré son aspect peu avenant, je l'ai fait. Vous réclamez mon avis, le voici : froid, c'est immangeable, chaud c'est passable, frit cela donne quelques joies au palais.

Votre serviteur,

BRILLAT-SAVARIN

Neuilly, le 8 août 1785

Lettre de Parmentier à M. Brillat-Savarin, prince du goût à Paris

Monsieur,

Je vous remercie de la sollicitude empressée avec laquelle vous avez répondu à ma requête. Hélas, je viens de m'apercevoir que mes gens ont une fois de plus été distraits, ce n'est pas ma "pomme de terre" qu'ils vous ont portée, mais le crottin de mon cheval avec lequel je travaille sur les champignons. Mille pardons. Je joins à ce pli trois tubercules qui répareront agréablement, je l'espère, cette regrettable erreur.

Bon appétit !

Très admirativement vôtre,

PARMENTIER

*

Bonnieux, le 15 septembre 1786

Lettre du marquis de Sade à Justine, Gap

Chère enfant,

Vous me dites que je prends plaisir à vous faire du mal. Détrompez-vous, Justine, je ne fais que répondre à ce que demande votre physionomie. Est-ce ma faute si vous avez une tête à claques, des fesses à claques, des seins à claques, des jambes, un dos, des pieds, un sexe à claques ?

Je gifle encore une fois votre bêtise à claques.

DONATIEN ALPHONSE FRANÇOIS,
marquis de Sade

Gap, le 20 septembre 1786

Lettre de Justine à M. le marquis de Sade, Bonnieux

Encore !

JUSTINE

*

Le 3 mai 1789

Lettre de Robespierre à Marie-Antoinette

Ma douce, ma belle, mon charmant cœur, êtes-vous souffrante ? Je suis affreusement inquiet de ne vous avoir point vue hier soir à minuit dans le buisson d'aubépines où nous avions rendez-vous, derrière le Petit Trianon. Je vous ai attendue jusqu'à l'aube, ma chère aimée, envoyant maintes fois mon valet Marat au bout de la pelouse regarder si vous n'étiez pas tombée dans le bassin de Neptune. Fort heureusement, vous n'y étiez pas.

Reine de ma vie, apaisez vite le tourment qui me ronge : êtes-vous souffrante ou me suis-je trompé de buisson d'aubépines ?

Celui qui vous adore,

MAXIMILIEN

Le 5 mai 1789

Lettre de Marie-Antoinette à Robespierre

Mon bien tendre amant,

Hélas, je ne souffre d'aucune altération de santé et vous étiez bien l'autre nuit dans l'aubépine que nous avions fixée. La vérité, Robie, mon cher amour, est que je ne suis pas venue et que je ne viendrai plus vous rejoindre dans ce riant arbuste qui nous a vus tant de fois nous ébattre de si charmante façon.

Louis se doute de quelque chose, Robie : depuis trois jours, il ne finit pas son gigot à midi, il forge mal ses clefs et, par deux fois, hier, il a fermé son gilet de soie grise en boutonnant mardi avec mercredi. Il est préoccupé, Robie ! Mon sang s'est glacé à l'idée que le roi apprenne... Il est si fragile... Il deviendrait fou...

Ayez pitié de moi, mon cher amant ; vous écrire m'a coûté toute ma force et mes larmes sont épuisées, tant j'en ai versé. Ne m'écrivez plus, Robie, et ne cherchez plus à me voir. Si vous me méprisez trop pour m'accorder cette cruelle faveur, obéissez-moi au moins pour votre roi.

Adieu, lumière de mon âme, adieu Cupidon. Aimez-moi en ne m'aimant plus.

Votre éplorée,

MARIE-ANTOINETTE

Le 10 juin 1789

Lettre de Robespierre à Marie-Antoinette

Cher amour,

La fièvre me torture et me retient couché depuis votre dernière lettre, qui m'a ôté la vie presque tout entière. Je consacre mes dernières forces à vous écrire. Marie-Antoinette, ma douce adorée, sauvez-moi. Revoyons-nous une dernière fois. Si le buisson d'aubépines est devenu trop dangereux, que diriez-vous des glaïeuls à côté du parc aux Cerfs ? Dites l'heure qu'il vous plaira à mon fidèle Marat qui vous porte cette lettre.

Votre presque consumé,

MAXIMILIEN

Le 11 juin 1789

Lettre de Marie-Antoinette à Robespierre

Dois-je vous l'avouer ? J'ai bien eu de la peine ce matin à traire mes brebis, tant votre dernière lettre m'a bouleversé les sens. Ah, cruel Maximilien ! Ce parterre de glaïeuls que vous me proposez m'a si fort échauffé le sang que j'en suis devenue rouge jusque devant le roi qui l'a remarqué et m'a dit : "Madame, vous êtes bien vermillonne pour la saison." Oh, le fin monarque ! Son allusion montre qu'il n'est pas dupe. Cessons tout, encore une fois, mon ami. J'ai peur que notre dangereuse liaison ne provoque un désastre que nous sommes bien loin de vouloir, vous et moi. Comprenez que je suis reine avant que d'être femme.

A jamais, mon doux... Guérissez et vivez pour m'aimer en ne m'aimant plus.

MARIE-ANTOINETTE

Le 10 juillet 1789

Lettre de Robespierre à Marie-Antoinette

Ma vie,

Voilà dix lettres que je vous envoie depuis le quinzième jour de juin et aucune n'a reçu de réponse. Mais aujourd'hui, la fureur fait place à l'abattement ; est-ce l'effet des petites pilules que m'a données Lavoisier ou simplement le bon droit de la nature qui s'exprime enfin ? Toujours est-il, Madame, que, devant tant d'injustice, je me révolte !

Ouvrez les yeux, mon cœur, et regardez combien votre condition est contraire aux lois de la raison.

Vous êtes soumise au roi que vous n'aimez pas, par le seul fait qu'il est roi ! C'est injuste, Madame ! Que vous ne puissiez vivre votre vie de femme et laisser s'épanouir vos sens par le seul fait que la monarchie absolue ne le veut pas, c'est injuste, Madame ! Et qu'enfin un homme doive, sans rien dire, accepter de mourir d'amour pour la seule raison que son rival est le roi, c'est injuste, Madame ! Oui, par trop injuste. Je me révolte !

Soyons libres, Marie-Antoinette, aimons-nous au grand jour, ma bien chère aimée. Soyez à l'Auberge des Cordeliers, juste en face de la Bastille, lundi prochain 14 juillet à 9 heures de la matinée, je vous attendrai. Venez, cher amour, libérez-vous des chaînes de ce tyran. Vive l'amour, vive la liberté !

Votre

MAXIMILIEN

Message écrit à la hâte sur un éventail le 15 juillet 1789 par Marie-Antoinette, et porté à Robespierre le jour même par un serviteur de la reine

Fou ! Fou ! Fou que vous êtes, Robie ! Je pensais que vous alliez vous engager dans la légion corse comme tous ceux qui ont voulu m'oublier, mais prendre la Bastille avec cette bande de sans-culottes, vous déraisonnez !

Cette fois, Louis ne cache plus son trouble. La prise de la Bastille lui a définitivement mis la puce à l'oreille… Il se doute que c'est vous… Fuyez, Maximilien, fuyez… J'ai peur… Le roi est saisi de fureur. Il tourne en rond dans sa chambre. Je crains que Louis ne soit plus maître de lui et qu'il en arrive à perdre la tête…

Adieu pour toujours, Maximilien.

MARIE-ANTOINETTE

VOUS ÊTES TOUS DES AUTEURS DRAMATIQUES

Texte écrit pour la *Revue du Rond-Point*.

Le front tapé à l'heure de la naissance par l'aile d'une fée divagante, vous n'avez de cesse de dire le monde autrement et de donner vertige au genre humain, accablé que vous êtes par sa fade déambulation dans l'existence. L'intuition aiguisée par une poussée hormonale, vous pressentez à l'âge de la puberté que la scène est le lieu de tous les bouleversements et que seul le théâtre permet de tout recommencer. C'est donc en écrivant des pièces que vous épuiserez le grand œuvre qui vous taraude depuis l'âge de six mois. C'est décidé, vous serez auteur dramatique.

Vous rêvez déjà de connaître le public des premières tout gras de brillantine, les actrices qui vous accélèrent les sens, le rire de l'orchestre, le bâillement des ministres, et de découvrir le lendemain dans la page du milieu d'un journal vos décombres et vos soleils énumérés par un critique fatigué de n'être que lui-même. Mais la plume haute vous continuez, face aux fracas de la gloire et bravant la beauté douloureuse de l'échec, à dire vos révoltes et vos plaisirs.

Seulement voilà, en mai prochain, vous allez avoir quarante-cinq ans, et vous n'avez toujours pas écrit la moindre saynète, pas une réplique, pas même une onomatopée. Vous n'avez aucune situation en tête, pas l'idée d'un personnage. Bref vous êtes sec comme du gravier. Et vous êtes sec comme du gravier pourquoi ? Parce que vous n'avez aucun talent. N'ayez crainte, nous sommes là !

Il n'est plus admissible aujourd'hui, alors que la lune est à portée de main, que l'on guérit et comprend tout, que vous ne puissiez écrire une pièce de théâtre – simplement parce que vous n'êtes ni doué, ni créatif, ni inventif. Ces handicaps peuvent être rapidement surmontés pour que la promesse de l'aube s'épanouisse enfin !

Nous vous proposons un certain nombre d'éléments qui vous permettront aisément d'écrire un drame ou une comédie, sans avoir un instant recours au talent que vous n'avez pas.

20 PERSONNAGES AU CHOIX :

– Le Roi – Madame Andrée – le fils – le conseiller – la mère du conseiller – Jean-Claude – Michel son demi-frère – le capitaine de la garde écossaise – Andromaque – Andromaquette – Monsieur Peyrol *(peut être anglais ou grec)* – le jardinier – saint Antoine – l'Homme qui revient – Hermione – le chanteur musulman – Madame Sardine – Périclès – Richard III du Portugal.

12 RÉPLIQUES AU CHOIX ET QUELQUES RIMES :

1/ Bonjour.
2/ Tu sais, Michel, si tu continues…
3/ La mer tout entière enragée t'emportera jusqu'au port.
4/ Je vous rappelle que c'est ma femme que vous aimez.
5/ Oui ! oui !
6/ Si vous dites demain, je suppose que vous avez vos raisons !
7/ Madame, s'il vous plaît… il faut qu'à petits coups de hache je me détache de vous… *(Peut être utilisé au masculin en remplaçant "Madame" par "Monsieur".)*
8/ A quelle heure tu rentres *(ou "rentres-tu" si on préfère)* Jean-François ?
9/ Juste te regarder sourire, et puis fermer les yeux, et puis t'aimer doucement au fond de moi…
10/ Madame, fuyez, le Roi est hors de lui. *(A dire essoufflé.)*
11/ – Hector ? Je pensais que vous vous appeliez Alain ?
12/ Je pense que c'est mieux ainsi Simone, le mensonge n'a pas d'issue. *(Si on est gêné par l'allitération ainSi Simone, on peut appeler Simone Bernard.)*

POUR CEUX QUI SERAIENT TENTÉS D'ÉCRIRE UNE ŒUVRE DRAMATIQUE EN VERS, VOICI QUELQUES RIMES :

A/ Pain, vain, matin, Simonin, alors hein !?, cabotin, chien de chasse *(enlever "de chasse")*.
B/ Bateau, allô, pas beau, caraco, San Francisco, bateau *(attention, très utilisé)*, Dario Moreno.
C/ Chandernagor, changer de bord, alors, tribord, totor, Salvador, bague en or, cors de chasse *(enlever "de chasse")*.

4 IDÉES DE DÉCORS AU CHOIX :

– La place Saint-Marc à Venise ;
– la salle de bains de la fille du personnage principal ;
– une partie de chasse *(enlever "de chasse")* ;
– un magasin de canapés.

6 INTRIGUES AU CHOIX :

1/ Le père de Jean s'aperçoit qu'il est norvégien. L'avouer, ne pas l'avouer ? Tout se finit bien grâce à Denise qui vient lui rendre visite dans un rêve. Il comprend que c'est elle qu'il aime, il quitte aussitôt son emploi de juriste dans une grande société dont on taira le nom.
2/ Urbain de Casterheim, seigneur de Livarie, n'a qu'une fille. Cosme VII, comte d'Estremadure et

de Roubaix, n'a qu'un fils. Louis le Pieux dit Louis le Brave *(ou le Sérieux)*, évêque de Tunis, de Saint-Mandé et de Brestlitovsk, n'a qu'un rein. C'est à ce moment de l'action que débarque André, envoyé du pape Camille VI, père de trois jumeaux qui n'ont qu'un œil.
3/ Françoise aime Paul qui ne l'aime pas. Paul aime Catherine qui ne l'aime pas. Catherine aime Françoise dont le vrai nom est Liliane.
4/ Jean se réveille sur une île déserte perdue au milieu de l'océan. Soudain il aperçoit son visage dans une flaque d'eau et réalise que l'île n'est pas déserte. Bouleversé il se pend. *(Pour une pièce en un acte, ou un lever de rideau.)*
5/ Le docteur F., célèbre psychanalyste, découvre que sa patiente Mireille G. n'est autre que lui-même. Il refuse de la faire payer.
6/ Koa-tang vient de mourir, sa femme Tsi-buhli le veille en silence.

8 TITRES AU CHOIX :

– *Cours mon beau printemps* ;
– *La Camaraderie* ;
– *Le Cendrier attendu* ;
– *Le Tigre et la Rascasse* ;
– *L'Anniversaire de Paula* ;
– *L'Echafaud cartilagineux* ;
– *Le Décès de la veuve* ;
– *Les Alouettes suisses.*

PRIX DES PLACES (QUELQUES PROPOSITIONS) :

– 2 euros ;
– 15 euros ;
– 23 euros ;
– 15 075 euros.

Une fois que vous aurez terminé votre pièce, si vous souhaitez un metteur en scène et des acteurs, vous trouverez quelques conseils pour les choisir dans le prochain numéro de la *Revue du Rond-Point*.

Bravo d'y être arrivé et merci de ne pas nous envoyer votre manuscrit.

L'ALMANACH DE L'AUTEUR DRAMATIQUE

En hommage à Alexandre Vialatte qui ne l'était pas.

Texte écrit pour la *Revue du Rond-Point*.

Janvier est un bon mois pour l'auteur dramatique. Il porte des culottes chaudes, marche dans la neige et oublie le 17 de téléphoner à sa sœur Roseline dont c'est la fête. Les pièces qu'il écrit entre le 9 et le 28 sont lourdes et chaudes mais digestes. Ses personnages ont le caractère savoyard voire espagnol si le temps est clair. L'auteur dramatique s'il n'a pas la fève en souffre plus que la plupart des gens. C'est sa faiblesse, il la connaît, il évite donc les repas en famille le jour de l'Epiphanie. En janvier il se lève à 8 h 45 et se couche à 22 h 10. Son animal préféré est le canard, son jour favori le mardi et la chanson qu'il fredonne est turque.

C'est pendant la première quinzaine de février que l'auteur dramatique en veut à Shakespeare, Molière et Marivaux d'avoir écrit à peu près toutes les histoires qui peuvent exister entre les gens. Vers le 18, son ressentiment fait place au désir d'épouser sa cousine ou de servir dans la Royal Navy si sa cousine est un homme. L'auteur dramatique se lève rarement de bonne humeur en février sauf les années bissextiles, par contre il se couche toujours sur le dos. Son plat préféré est le pied de porc, son peintre favori Odilon Redon et le sport qu'il pratique est slovaque.

En mars l'auteur dramatique écrit sous son lit, fréquente des amis belges et ne va pas chercher ses recommandés à la poste. L'arrivée du printemps guérit son eczéma mais n'augmente pas son talent. Ses pièces de mars sont des comédies graves qui parlent de l'impossibilité d'être un héron ou de la place considérable que prennent ses voisins dans son existence. Il ne se lève pas, de peur de se cogner la tête contre son sommier. Sa fleur préférée est le pétunia, son médecin favori le gastro-entérologue et la voiture qu'il conduit est cassée.

L'auteur dramatique est absent en avril.

Mai. Si le mois débute par un jeudi ou un orage, l'auteur dramatique a tendance à écrire en alexandrins, sinon il va à la pêche. Les jours fériés qui prolifèrent l'obligent à avoir une opinion politique, ce qui le contrarie. Si l'auteur dramatique habite dans la Beauce, il s'habille d'une chemise à manches courtes et d'un pantalon bleu pâle pour séduire les paysannes qui apparaissent dès les premières chaleurs. Il se lève d'un bond et se couche en chien de fusil. Son meuble préféré est le tabouret, son membre favori la jambe et sa banque est hollandaise.

Le mois de juin est indéniablement le mois le plus difficile pour l'auteur dramatique. C'est à cette époque de l'année que son frère revient d'Afrique et enchante tous ses amis avec son histoire de phacochère qui lui aurait fait une déclaration d'amour près d'un acacia. Le succès remporté par une telle vulgarité détruit l'inspiration de l'auteur dramatique qui n'écrira plus une ligne jusqu'en septembre et c'est dommage, car il passera juillet et août en Grèce patrie d'Eschyle et d'Aristophane qui auraient pu lui donner des idées. Il ne se relève pas il se traîne, il ne se couche pas il l'est déjà. Sa boisson préférée est l'aspirine effervescente, son objet favori la longue-vue et son épouse est au cinéma.

Pour ne vexer ni César ni Auguste, l'auteur dramatique ne dissocie jamais juillet et août. Pour lui c'est un seul mois, comme Roux et Combaluzier sont un seul ascenseur. A cette période, les mathématiques lui semblent accessibles, la fabrication de l'huile d'olive aussi. C'est souvent son anniversaire quand ce n'est pas en décembre. Il se lève à la belle étoile et se couche sous les nuages. Son numéro de téléphone préféré se termine par 4, son musicien favori est Erik Satie et son ami d'enfance est bègue.

Septembre. C'est à partir du 15 que l'auteur dramatique porteur d'un chef-d'œuvre l'écrit. S'il n'en porte pas il copie sur son voisin. Les vendanges l'indiffèrent, la rentrée des classes lui rappelle de mauvais souvenirs et il ignore que saint Apollinaire se fête le 12. Il se lève à l'aurore pour surprendre le lièvre et se couche à l'aube sans l'avoir vu. Son océan préféré est l'Indien, son fossile favori l'ammonite et il aime sa baignoire.

Octobre. Dès l'arrivée des premiers frimas, l'auteur dramatique rend visite aux directeurs de théâtre dont le chauffage marche bien. Les feuilles qui jaunissent, les jours qui s'abrègent et le Salon de l'auto donnent à ses écrits une émotion particulière. Il peut attraper une bronchite. Il se lève avec les poules et se couche avec d'autres. Son héros préféré est Artaxerxès, son arme favorite l'arquebuse et ses pensées vagues abondent.

S'il se rend volontiers à l'enterrement d'un critique l'auteur dramatique rechigne à assister au défilé du 11 Novembre. A la Toussaint, la coutume veut qu'il marie son fils, batte sa fille et quitte sa femme. C'est le moment de l'année où naît en lui l'idée que le bon et le mauvais se valent, ce qui lui permet d'envisager une postérité pour son œuvre. Il est heureux aux alentours du 25, inquiet le 12 et le 26 et se laisse pousser la barbe vers le 17. Il se lève comme tout le monde et se couche sans attendre les autres. Son accent préféré est le circonflexe, sa bataille favorite Austerlitz et les chaussures qu'il porte sont waterproof.

Décembre. L'auteur dramatique ne va jamais à la plage à Noël. Il aime offrir à ses amis proches des cendriers. C'est le mois où, comme le bousier sa crotte, il porte sa famille sur le dos le soir du réveillon. Il a envie d'écrire une comédie sur la Sainte Vierge mais n'ose pas, alors il fume la pipe. Souvent il s'endort l'après-midi et rêve qu'il est une cerise. Il se lève parce qu'il faut bien et se couche sans s'en apercevoir. Sa ville préférée est Paris, son plaisir favori Paris et l'endroit où il vit est Paris.

4 janvier 2004

DIEU LE VEUT

PERSONNAGES

Le Récitant
L'Empereur Barmadan
Une femme
Un homme
Un seigneur
L'Evêque de Madrid
L'Evêque de Paris et des Hauts-de-Seine
L'Evêque de Mayence
L'Evêque de Londres
Le Pape Urbain
Pierre l'Ermite
L'Evêque de Bordeaux
L'Officier
Roland Bonnehache
Marquis de Bouclerose
François
Josepha
Cabriole
Les Marins
Alexis
Blemmydes
L'Astrologue Katanagkes
Le Patriarche
Anne Comnène
Premier chef
Deuxième chef
Le Chevalier

PROLOGUE

Arrivée d'un personnage au visage peint en bleu, vêtu d'un costume très expressionniste, sorte de sorcier contemporain, mélange de cape moirée et de guenilles, luxe et boue. Il a une canne et un chapeau. Sa démarche est parfois celle d'un dandy parfois celle d'un bossu. Il parle d'une façon exaltée puis langoureuse et persuasive, cherche la complicité avec le public pour l'entraîner dans son univers puis la rompt avec cynisme et ricanement. Nous nommerons ce personnage : le récitant.

LE RÉCITANT. Mesdames, messieurs ! Jolies vierges, boutiquiers, princes et duchesses, s'il en reste ?!, grosses automobiles de velours, réparateurs de sanitaires, sous-préfets dorés de chênes. Accourez ! Musique ! Musique ! *(Les musiciens jouent un court morceau.)* Suicidaires, retenez vos revolvers, les vraies raisons d'appuyer vont venir. Entrez ! Entrez ! Les capitaines, les mirlitons, les jardiniers, vous êtes tous dans la ronde ! Musique ! Musique ! *(Les musiciens jouent à nouveau un court morceau.)* Allons-y ! Allons-y ! Financiers véreux entrez ! Non ne laissez pas vos bestioles au vestiaire, gardez vos larves dans la tête, parachutistes sautez ici. Come in ! Come in ! Suceuses d'ice-cream, bateau de plaisance et de plaisir, capsule de coca-cola come in ! Come in ! Musique ! Musique ! *(Les musiciens jouent un autre morceau.)* Rampez, glissez, lustrez-vous les uns aux autres, curés, bêtes à poils, gallinacés chevelus, vaches, aigles au bec de duc édenté, dromadaires avec lune et soleil sur l'échine, clipe, clope, clipe, clope. Je vous entends, vous êtes là les souriceaux de Mongolie suivis d'une longue liste de journalistes… Liste… Liste. Bravo ! Musique ! *(Les musiciens jouent un morceau.)* Non ! Non ! Je ne vous avais pas oubliées les speakerines de télévision, marionnettes en couleurs pour peuples noirs et blancs, les babilleuses à l'haleine drogueuse, laissez-les passer ! Faites asseoir le tracteur que conduit cette danseuse de castagnettes ; égalité pour tous ! Encore deux rats et une marquise ? Par ici s'il vous plaît, voilà tout le monde est là ? Non ? Un morceau de banquise et la reine de Saba accompagnée par trois ministres d'Etat. Petit enfant blondinet ne cherche pas le Diable il est de ce côté… Voilà full up ! Lleno *(plein en espagnol).* Stop ! Complet !… A vous, mesdames aux gros bidons, vous pouvez pousser vos quintuplés pour les mettre au monde devant le monde ! Le vrai, le nôtre ! Nous allons commencer ! Musique !

Morceau de musique. Ouverture.

VOIX OFF. Cette histoire appartient à l'histoire si toutefois l'histoire peut se raconter comme une histoire !

LE RÉCITANT. Moyen Age ! Moyen Age ! Moyen Age !

La scène s'éclaire. Tous les acteurs sont en scène immobiles ou remuant dans des poses arrêtées ou faisant des actions simultanées. Vision kaléidoscopique d'un Moyen Age âpre, courtois, cruel, grotesque.

1 – Bruit de galop de chevaux allant furieusement l'un vers l'autre. Au moment où ils vont se rencontrer un acteur tape sur un monticule de ferraille qui s'éparpille dans un choc éclaté et métallique sur la scène. Deux jeunes filles courent en riant, se jettent sur le vainqueur du tournoi et le couvrent de baisers et de caresses, ils roulent à terre.

2 – Musique accompagnant sur un rythme et une tonalité soit en adéquation avec l'action (musique douce et sereine pour l'amour), soit en contraste avec ce qui se passe sur le plateau.

3 – Trois chevaliers à travers le plateau en répétant comme des messagers qui arrivent essoufflés à leur destination : Monseigneur par Dieu et par le Roi, Monseigneur par Dieu et par le Roi, etc.

4 – Viols, poètes de cour, Seigneur précieux, etc. Ouverture vivant et visuelle.

L'EMPEREUR BARMADAN. Je suis l'Empereur Barmadan* / Traîné par deux bœufs géants / Parce que je suis trop fainéant / Pour parcourir mon territoire / Qui s'étend d'l'Eurasie au Maine-et-Loire. / *(Combat entre les deux chevaliers, l'un meurt.)* Mon cousin est mort comme un percheron / D'un coup d'épieu dans le colon / Qu'on me donne son blason son gonfanon / Ses poulains et ses poulaines / Je suis comte ! Depuis la mer des baleines / Je suis comte / Jusqu'aux plaines de l'arithmétique.

UNE FEMME. Sortez vos dards d'acier scorpions de chevaliers ! Batifole et caracole ! Nos seins sur vos plumets.

LE RÉCITANT *(au public)*. Ah oui, mes dindons, pour la plupart c'était peinard en 731 dans l'Occident petite baignoire tiède et bleue comme la forêt. *(Musique : bruit de vent et de feu. Parlant sur le son.)* Mais le sable jaune du désert mahométant comme un pet brûlant vint un jour roussir jusqu'aux vitraux des cathédrales ! Peur ! Peur ! Peur !

Un homme et une femme arrivent en courant affolés : dialogues chantés sur un temps rapide de peur et d'essoufflement.

* Certains passages de ce texte comportent des barres / qui correspondent aux ruptures de ligne du texte original.

LA FEMME. Christ Dieu / Voilà les Maures ! / Les turbans saignants.

L'HOMME. Les Turcs / Les Arabes / Christ Dieu ! / Voilà la mort !

L'EMPEREUR BARMADAN. Les as-tu vus chapeau pointu ?

LA FEMME. Oui de grands papillons rouges / qui glissent en grondant / sur les neiges des montagnes / du Nord de l'Espagne.

L'EMPEREUR BARMADAN. Les aramétèques ont-ils des ailes ?

L'HOMME. Toutes craquelées d'or ! / Ils sont assis dessus / comme si elles poussaient sur leur cul.

LA FEMME. Le ciel se couvre / les champs sont noirs / voilà les Maures.

Musique. Arrivée de quatre ou cinq tapis volants qui tourbillonnent dans les airs et s'abattent sur les chevaliers, les paysans, et l'empereur en les étouffant : cris – silence. Sur chaque tapis un emblème de l'Islam est fixé. Après un instant de calme un homme parvient à sortir de l'emprise d'un tapis en rampant à terre. Il a dans ses mains un lourd marteau de fer. Il assène un violent coup sur une plaque de métal, à ce moment sous les tapis on commence à bouger, un murmure se fait entendre : "Martel ! Martel ! Martel !" *Le murmure va s'amplifiant, bientôt chaque prisonnier des laines arabes parvient à se dégager, il saisit un marteau criant :* "Martel ! Martel !" *et en tapant sur divers instruments de percussion. Charles Martel orchestre la bataille de son poste. Bientôt les tapis se renvolent en battant en retraite et de l'aile.*

Noir.

LE RÉCITANT. Depuis l'éclosion du petit dans la paille entre le bœuf et le bourrin, il avait été décidé que mille ans étaient bien suffisants pour terminer la comédie ! Mon Dieu mille ans c'est vrai, c'est bien assez pour tout jouer ! Le rideau devait donc tomber sur la terre le premier janvier de l'an mille. Et hop fini ! Le monde devient un trou de mémoire ! *(Tout à coup très fort.)* Peur de l'an mille ! Peur ! Peur de l'an mille ! Trouille verte !

L'éclairage reprend, sur scène, une immense dame à la robe envahissant presque toute la scène de ses plis et retombées en volutes s'élève de quatre à cinq mètres au-dessus du plateau. Sa tête est formée soit par la coupole d'une église surmontée d'une croix, soit par une icône, soit enfin par une tête de femme ressemblant à une vierge polychrome fin XIXe*. A la hauteur de la poitrine deux énormes seins pendent sur sa longue jupe. C'est la mère-Eglise, sous la robe et les jupons de laquelle, rampant et se traînant, vont se cacher hommes et femmes terrorisés par cette fin du monde qui doit coïncider avec le premier jour de l'an* *mille. Tous s'agrippent, se bousculent, certains parviennent en poussant des cris à articuler des phrases de superstition et des prières. Cependant qu'à l'avant-scène une jeune femme chante d'une voix mélodieuse et limpide l'approche de la fin du monde, côté jardin avant-scène un homme scande les unes après les autres les années qui passent. Voix basse soutenue par un instrument. Ce "tableau-partition" se compose donc de trois éléments qui s'entremêlent et s'enchevêtrent.*

1 – Le chant de la femme annonçant la fin du monde.

2 – Le groupe du peuple apeuré (phrases, halètements, cris).

3 – L'homme ponctuant le temps qui passe + instrument.

Nous donnons les trois textes les uns à la suite des autres sans les mêler, laissant le soin au compositeur de les orchestrer librement selon son désir.

1°) CHANT DE LA FEMME. Mon enfant / à la peau tendre / vient de tomber doucement / sur les cheveux blancs / du monde aux mains séchées / par mille ans de péchés. / La dernière pomme a chuté / le ciel déjà s'en est allé / laissant un peu de brume / pour emporter la mer, les ruisseaux / et vingt-trois arbrisseaux / loin de la terre / qui s'enterre. / Dans les montagnes du grand nord / quelques chevaux respirent encore / sous les jupes des capitaines / qui ont voulu déjouer le sort / pour sauver une jeune reine / les arbres sans veine ni feuille / ne peuvent devenir cercueil / le bois est mort. / Non ne fuyez pas par là / les forêts sont déjà / gerbes de tibias / ne courez plus il est trop tard / cet œuf encore chaud si tu le casses / pour le mêler avec du lard / tu ne trouveras qu'un peu de glace. / Car voici le premier janvier / de la millième année / où le globe doit éclater / dans les airs violacés.

2°) Intervention des hommes et des femmes se cachant sous la jupe immense de la mère-Eglise.

A) Cris.

B) Halètements, bavements, onomatopées.

C) Interventions articulées.

UNE FEMME. Je n'ai que vingt ans mais trente vaches Sainte Vierge ne me tue pas…

UN HOMME. C'est pas possible j'ai semé mon blé… qui le récoltera…

UN SEIGNEUR. Je crois en toi mon Dieu / Je crois en toi Sainte Vierge / Je crois en toi Saint-Esprit… / Je crois en tous les saints / Vous m'avez entendu tous les saints… tous, il n'y en a pas un qui…

UNE FEMME. C'est pas trop tôt qu'il s'annonce l'an mille ! / Je préfère pourrir allongée que sur mes pieds… / par saint Thomas c'est pas vrai !

UN HOMME. Monseigneur le cardinal Excellence / il reste plus que deux jours apprenez-moi à lire…

UNE FEMME. Non je veux pas ! Non je veux pas ! / Non je veux pas !

UN SEIGNEUR. Je suis roi et empereur / ça ne peut pas m'arriver à moi / n'est-ce pas ? N'est-ce pas ?

UN HOMME. Montre-moi tes fesses princesse.

UN HOMME. Mais c'est de la foutaise qu'est-ce qui vous prend ! Ce serait trop beau ! / Vous inquiétez pas ça va continuer !

Il tombe foudroyé, etc.

3°) Troisième élément. L'homme et le temps qui passe.

L'HOMME. 890 / 891 / janvier / 14 mai / dimanche / 954 / 8 heures / décembre / mars / 32 secondes / 987 / 12 juin / midi / vendredi / samedi / 16 heures / septembre / trois minutes / 998 / mardi / 999 / avril / septembre / 25 secondes / 999 / octobre / jeudi / lundi / 10 novembre / 999 / 11 heures / décembre / 27 / 999 / 29 décembre / midi / 999 / 31 décembre / 21 h / 999 / 23 h / 999 / 31 décembre / 24 h /

Au fur et à mesure que l'on se rapproche de la date fatidique la voix du temps devient de plus en plus présente pour rester seule à la fin. Silence tendu. Les hommes et les femmes sont si crispés les yeux fermés, accrochés à la grande jupe qu'au bout de quelques instants elle craque, rompant silence et tension. Eclatant de rire, apparaît sous la jupe le récitant.

LE RÉCITANT *(un ou plusieurs).* Bis ! Bis ! Encore un tour ! On double la mise ! Mille ans de plus ! Mille ans pour les pamplemousses ! Mille ans pour le calcaire, les rubis et inventer le mambo ! Mille ans pour l'élasticité des peaux de crocodiles, mille ans de sève pour les palétuviers mouillés et les testicules des crapauds-buffles ! But ! But ! But ! Be careful ! Mille ans et pas un sou de plus ! c'est tout ! Après tout le monde s'allonge dans le lit d'argile on referme le couvercle et hop ! Le grand Dieu aux yeux verts, d'une gifle magistrale vous enverra soit dans le bleu parfumé soit dans les intestins brûlants d'un diablotin constipé. Allons ! Relevez-vous bestiaux et copulez : il faut du nourrisson ! Il reste encore dix siècles à rigoler ! Mille ans pour équationner, dire et contredire, découvrir la douceur angevine, la Légion d'honneur et la girolle atomique ! Bis ! Bis ! En voiture pour le second tour !

Son : explosion s'adoucissant peu à peu en tintamarre de cloches, de plusieurs cloches, cloches, clochettes, carillons, bourdons, etc.

TABLEAU I

Rome

La scène s'éclaire. Les évêques entrent puis vont s'asseoir, ils se tiennent à différentes hauteurs, les pieds nus (proposition : on peut agrandir leurs pieds par des faux pieds en caoutchouc) et semblent attendre en bavardant. Proposition de costumes et accessoires : il me semble qu'il serait plus intéressant plutôt que de donner à chaque évêque une soutane mauve ou rouge, de les relier chacun par un grand drap de soie ou de rayonne aux camaïeux rouge violet et mauve qui les envelopperait comme des toges. Seule une mitre très inventée (différente selon leur pays par exemple) et une crosse les différencieraient. De la main qui leur reste libre ils tiendraient un parapluie blanc à la coupole très profonde. Cela donnerait un sentiment visuel de dôme d'église. A côté de chaque évêque : une grande valise.

LE RÉCITANT *(sur fond de musique de cloches).* Rome ville éternelle et sainte / Rome aux quatre mille clochers / Rome le jeudi saint 1095 / Les évêques d'Occident papotent sur la papauté / La papauté très en beauté / Mais sans autorité.

Arrivée des évêques des quatre coins de la scène très richement vêtus.

L'évêque espagnol : un chapeau ou une cape de toréador avec lui et au bout de sa crosse l'insigne des factions franquistes.

L'évêque de Mayence : buvant une énorme chope de bière, au bout de sa crosse une croix teutonne, une croix chrétienne et une croix gammée. Il a autour du cou un pendentif avec le sigle Mercedes.

L'évêque de Londres : un melon sous sa mitre et sa crosse se termine par le sigle Rolls-Royce, il a un nez rouge.

L'évêque de Paris et des Hauts-de-Seine : lunettes noires, mitre haute couture avec les initiales Christian Dior, et une chasuble faite dans un tissu où sont imprimées des tours Eiffel, une croix. Une jeune fille porte sa valise.*

L'ÉVÊQUE DE MADRID. Olla ! Caballeros…

L'ÉVÊQUE DE PARIS ET DES HAUTS-DE-SEINE. Pedro ! Ça fait plaisir !

L'ÉVÊQUE DE MAYENCE. John !

L'ÉVÊQUE DE LONDRES. Von Grunfeld !

* Sur les valises sont collés les drapeaux de chaque pays ainsi que des étiquettes d'hôtels et avion première classe.

L'ÉVÊQUE DE PARIS ET DES HAUTS-DE-SEINE *(faisant en même temps des gestes rythmant ses paroles)*. Croix de feu, croix de fer, croix de bois… ??…

LES TROIS ÉVÊQUES *(répondent sur le même rythme)*. Nom de Dieu, sur la terre : c'est nous les rois !

Eclats de rire, effusions, retrouvailles.

L'ÉVÊQUE DE MAYENCE. Alors quoi de neuf depuis l'année dernière ?

L'ÉVÊQUE DE PARIS ET DES HAUTS-DE-SEINE *(présentant la jeune fille qui porte sa valise)*. Jacqueline !… *(En aparté.)* Une sainte !

L'ÉVÊQUE DE MAYENCE. Tu veux dire une martyre !

L'ÉVÊQUE DE PARIS ET DES HAUTS-DE-SEINE. Il en faut non !

Ils éclatent de rire.
L'évêque de Madrid ouvre sa valise. Après avoir sorti et jeté pêle-mêle tout ce qu'elle contient, c'est-à-dire des cagoules de bourreau et divers instruments de torture, fouets, chaînes, masses d'armes, marteaux, etc., il sort trois lampes à souder.

L'ÉVÊQUE DE LONDRES. What is it ?

L'ÉVÊQUE DE MAYENCE. Souvenirs ?

L'ÉVÊQUE DE MADRID. Nouveauté de Madrid. *(Il allume une lampe et règle le gaz à petit débit.)*

Pour bûcher. *(Il augmente le volume.)* Pour infidèle : trois minutes, il renie, quatre minutes, il croit en Dieu, cinq minutes, il meurt chrétien !

L'ÉVÊQUE DE MAYENCE. Petit Jésus !

L'ÉVÊQUE DE MADRID *(met plein gaz).* En trois secondes un juif hurle qu'il veut se faire ordonner prêtre, en quarante secondes son cheval aussi.

L'ÉVÊQUE DE LONDRES. Miraculeux…

TOUS. Muchas gracias Pedro !…

L'ÉVÊQUE DE MADRID. Croix de feu, croix de fer, croix de bois ??…

LES TROIS AUTRES ÉVÊQUES. Nom de Dieu, sur la terre : c'est nous les rois !

Rires énormes. Puis ton très discussion mondaine, les phrases s'enchevêtrent les unes aux autres feutrées.

L'ÉVÊQUE DE LONDRES. Et à part ça ?

L'ÉVÊQUE DE MAYENCE. Ça va… si ce n'est l'estomac…

L'ÉVÊQUE DE PARIS ET DES HAUTS-DE-SEINE. Oui… bien, enfin, et toi ?

L'ÉVÊQUE DE MADRID. Bien sûr… bien sûr… oui…

L'ÉVÊQUE DE MAYENCE. Mais que fait Urbain !

TOUS. Urbain ! Urbain !

VOIX OFF DU PAPE. Voilà j'arrive !

Les évêques s'asseyent et se déchaussent. Le récitant en majordome porte le pape, ils sont suivis d'un enfant de chœur portant une bassine et des serviettes.

LE PAPE URBAIN. Je suis Urbain le blanc / Je suis Urbain, le reflet du triangle / Je suis mon père, le volatile, je suis mon fils / Je suis l'âme, le pain et l'épée / Je suis Urbain, le pape français / Je suis le pape / Je suis le seul. I am the number one.

L'ÉVÊQUE DE MAYENCE. Urbain, active notre bain de pieds, car nous devons te dire…

LE PAPE. Please ?

LES ÉVÊQUES. Que les choses vont fort mal pour l'Eglise !

LE PAPE. Bonjour saints crânes, cervelles ivres d'hostie. Me voici. Serviette !! *(On lui tend une cuvette et une serviette, puis faussement courtois.)* Si je suis le premier d'entre vous je suis aussi le dernier ! Humilité comme le crucifié ! Mais attention mes rouges-gorges une fois vos pinceaux lavés ! Je suis à nouveau le chef ! *(Il s'agenouille et commence à laver les pieds du premier évêque.)* Avance évêque de Mayence ! Oh ! Toujours ces longs petons teutons ! Bravo ! Apportes-tu l'argent tiré de nos propriétés d'Allemanie ?

L'ÉVÊQUE DE MAYENCE *(ouvre le couvercle de sa valise : elle est vide).* Pas un mark ! La Germanie veut récupérer nos prairies !

Le pape furieux fredonne quelques mots de latin. A ce moment arrive, à l'autre bout de la scène un homme pieds nus, vêtu de quelques hardes, un bâton de pèlerin à la main, barbu et hirsute, mais un halo de sainteté semble accompagner sa marche. Il chante un chant très beau et très émouvant qui contraste fort avec le ton et l'atmosphère de la cour pontificale. Cet homme est Pierre l'Ermite qui revient de Jérusalem. Il marche le long du plateau. Les deux scènes (cour pontificale et marche de Pierre l'Ermite) sont simultanées jusqu'à ce que Pierre l'Ermite atteigne Rome. Les interventions du chant de Pierre l'Ermite se font entre chacune des réponses épiscopales au pape Urbain II. D'autre part plus Pierre l'Ermite avance, et plus il est suivi et entouré par des gens impressionnés par cet homme à la voix si pure et si convaincante.

PIERRE L'ERMITE. Les os de Roc / Viande brûlée / Enfer ! enfer ! / Habit rouillé / Bâton noir et cassé / Je reviens de l'enfer / Fuyant dans les rivières / Et parmi les serpents du désert / J'ai vu Jérusalem / Devenir la Géhenne.

LE PAPE *(lavant les pieds de l'évêque de Madrid).* Alors Pedro Matador de Corniflor, m'as-tu apporté ces lingots d'or qui brillent si fort et que tu tires de tes paroisses de Castille ?

L'ÉVÊQUE DE MADRID *(ouvre sa valise, elle est vide).* Pas un écu Urbain ! Hidalgos, pouilleux et vilains préfèrent donner leur or aux chevaliers du Cid Campeador plutôt qu'à nos abbés pourtant si bien élevés.

Le pape fredonne quelques paroles latines sur un ton qui cache mal son énervement sous-jacent.

Pierre l'Ermite continuant sa marche, suivi par deux femmes. Les deux femmes vocalisent le texte suivant.

Je crève les forêts	Saint
Dors dans les falaises	Ses yeux
Je marche	Sa voix
J'avance	Saint
Car gronde	Le ventre plat
Dans ma gorge	Saint
La cassure brûlante	Capuchonné
Des sabres recourbés	Douleur
Dans le sein	Vraie
Des chrétiens	Surmontée

Le pape s'avance vers le dernier évêque pour lui laver les pieds.

L'ÉVÊQUE DE PARIS ET DES HAUTS-DE-SEINE. Ne t'approche pas de l'évêque de Paris et des Hauts-de-Seine, Urbain. Regarde j'ai les pieds plus crottés que l'anus de ton palefrenier ! Ma mitre est mitée et ma robe pue la vase de mes bénitiers !

LE PAPE. Tu es bien énervé, Jules cette année !

L'ÉVÊQUE DE PARIS ET DES HAUTS-DE-SEINE. Pape ! Quelle folie t'a piqué d'avoir excommunié le roi de France Philippe premier !

LE PAPE. Il s'est collé avec une rombière et il a divorcé !

L'ÉVÊQUE DE PARIS ET DES HAUTS-DE-SEINE. Bien parfait ! Mais maintenant c'est la faillite totale de ton clergé.

LE PAPE *(se jetant sur sa valise et l'ouvrant, il jette tout ce qu'elle contient, c'est-à-dire des dessous féminins)*. Tu ne m'as rien apporté de Paris ! Pas une dîme ?

L'ÉVÊQUE DE PARIS ET DES HAUTS-DE-SEINE. La dîme est ramassée par le Roi, c'est la faillite de ton clergé.

PIERRE L'ERMITE *(suivi de plusieurs personnes)*. Pain / Poisson / Chardon / Marbre / Herbe bleue / Arbres pointus / Italie / Italie / J'approche de la pierre / Où la croix est scellée / Croix d'acier / Aiguisée / Pour venger.

L'ÉVÊQUE DE MAYENCE. L'Occident ne croit plus… !!

LE PAPE. Ils ne croient plus !?

L'ÉVÊQUE DE PARIS ET DES HAUTS-DE-SEINE. En Dieu si !

L'ÉVÊQUE DE LONDRES. Mais plus en nous… la preuve !

L'ÉVÊQUE DE MAYENCE. Et donc ils ne croient plus en toi ! Fini !

LE PAPE *(explosant, il jette sa cuvette et sa serviette).* Ils ne croient plus en nous ! Sorciers mitrés ! Concierges de cathédrale ! Ils ne croient plus en moi ! Bégayeurs de bonne parole ! Mais ils croient en Dieu ! *(Il éclate d'un rire nerveux.)* Pauvres délicieux canards ! Imbéciles ! C'est ta soutane, qui est la Vierge, ton chapeau le Saint-Esprit, mes cloches sont Dieu le Père… Sonnez ! *(Concert de cloches.)* Voilà Dieu ! Arrêtez ! *(Les cloches s'arrêtent.)* Disparu, fumée ! En ce moment rien que des païens ! Sonnez. *(Air religieux.)* Dieu est là ! Arrêtez ! *(L'air s'arrête.)* Plus d'âme religieuse. *(Il enlève d'un geste violent son habit blanc et sa tiare, il se retrouve en slip.)* Où est Urbain II ? Eh bien où est-il ? Tu vois Pedro Matador de Corniflor ? Non tu ne vois qu'un peu de terre rose qui sent légèrement la transpiration. *(Il met sa tiare.)* Agenouille-toi Jules, là tu peux communier sans risque, je suis celui qui fais des bulles urbi et orbi et irbi et erbi… et caetera. L'habit fait le moine, mais le moine fait Dieu…

L'ÉVÊQUE DE MAYENCE. Mais si Dieu… enfin je veux dire si jamais Dieu…

LE PAPE. Von Grunfeld ! Pas toi ! Ou en tout cas pas à moi ! Il faut ! Il faut récupérer le sceptre de l'esprit, le pouvoir divin, sur la terre entière, il le faut ! Pour le bien de tous, croyez-moi ! *(A ce moment arrive Pierre l'Ermite, dans cette pantalonnade épiscopalopapale, il a la présence du Christ parmi les marchands du Temple. Il hésite, va repartir. Urbain se rhabille, aussitôt il s'agenouille devant celui qu'il a reconnu comme le saint père de l'Eglise. Le pape hoche la tête pour montrer l'efficacité de ses dires quant à l'habit.)* Qui es-tu ?

PIERRE L'ERMITE. Coucou-Piêtre, saint père.

L'ÉVÊQUE DE MAYENCE. On dirait Notre-Seigneur Jésus-Christ !

L'ÉVÊQUE DE BORDEAUX *(sursautant)*. Ne me fais pas peur von Grunfeld !

LE PAPE. Qui ?

PIERRE L'ERMITE. Pierre Capuchon, on m'appelle aussi Pierre l'Ermite.

L'évêque de Bordeaux s'essuie le front rassuré.

LE RÉCITANT *(abandonnant son rôle de majordome tandis que l'action et le dialogue entre Pierre l'Ermite, le pape et les évêques intrigués continuent)*. Il tombe à pic l'Ermite ! Evidemment il est sale et sent un peu la chèvre pour la cour pontificale, mais dans ses entrailles de bouc rebondit une fantastique nouvelle.

PIERRE L'ERMITE *(s'agenouillant)*. Urbain les Seldjoukides ont pris Jérusalem !

LE RÉCITANT. Oui !! Les Turcs, les islamiques, les fils ambrés de Mahomet ont pris Jérusalem, la sainte ville du Saint Sépulcre : Jérusalem !

L'ÉVÊQUE DE MAYENCE. Jérusalem ? Où est-ce ?

LE RÉCITANT. L'Ermite, regardez-le comme il raconte les massacres du Kalif Hakem... deux mille pèlerins chrétiens ont été égorgés parce qu'ils ont refusé de pisser sur la tombe du Christ ; les cardinaux sont inquiets tout à coup... ils deviennent bleus de peur. *(Ils tournent leur soutane qui a un revers bleu.)* Les évêques tremblent ! Vont-ils devoir quitter leurs moelleuses cathédrales pour aller s'occuper d'une tombe où Jésus n'est même plus !!! Jamais ! Ils ne veulent pas ! Et le pape ! Regardez-le monsieur le bourgmestre le pape ! Une idée court entre ses deux oreilles, il sourit, il est calme, il était fait pour être pape, le pape !

PIERRE L'ERMITE. Arme l'Europe !

L'ÉVÊQUE DE PARIS ET DES HAUTS-DE-SEINE. L'Europe n'est que misère...

LE PAPE *(tout en réfléchissant)*. Non, non, le peuple conserve des larmes pour Jérusalem.

PIERRE L'ERMITE. Arme l'Europe !

L'ÉVÊQUE DE MAYENCE. Mais personne ne nous obéit plus... !

LE RÉCITANT. Imbécile écoute Urbain.

LE PAPE. A tous ceux qui s'arment et partent je donne la grâce, j'absous leurs péchés, j'amnistie leurs fautes et leurs dettes, toutes les terres conquises pour l'Eglise sont leur possession. Quant à la guerre, si elle est livrée sous ma bannière, je la fais sainte. Celui qui tuera par l'épée périra peut-être par l'épée, mais je lui donne une auréole. Je lui promets aussi…

LE RÉCITANT. C'est suffisant ! Largement suffisant : les voilà ils accourent déjà de Valence, de Suède, de Flandre, de Bretagne, de Bavière, de Transylvanie, d'Ecosse… de l'argent plein les poches, tu es à nouveau le chef, le roi des rois Urbain, ils t'apportent leur dîme… Le sommet blanc de la terre… Ordonne Urbain.

Accourent les musiciens.

LE PAPE *(se jetant sur un porte-voix, tel un illuminé).* Le pouvoir ! Le pouvoir ! Voilà le pouvoir retrouvé ! Envoyons sous les palmiers, les heaumes, les juments cuirassées, les damoiseaux oisifs, les crânes balafrés et les bêtes couronnées ! Envoyons-les sous les palmiers pour arracher aux mains brunâtres des Turcs le tombeau d'albâtre du Christ.

LES ÉVÊQUES *(en chœur).* Envoyons-les sous les palmiers pour délivrer la chrétienté ! Quelle bonne idée.

PIERRE L'ERMITE. Je veux aussi parler aux maigres, aux édentés, aux frileux, aux malades, aux cordonniers et aux semeurs de seigle…

LE RÉCITANT. Ils vont venir aussi n'aie crainte…

LE PAPE. Ils porteront le monde aux pieds de la croix ! Passent-ils par Byzance ?

PIERRE L'ERMITE. Oui.

LE PAPE. Je veux Byzance ! Je veux la terre !

PIERRE L'ERMITE. Urbain, allons hérisser leur âme d'acier et leur cœur de lances, allons leur ouvrir le portail lumineux d'où part la route pour Jérusalem.

LE PAPE. Je le veux.

PIERRE L'ERMITE. Alors Dieu le veut !

TOUS. Dieu le veut !

Noir.

TABLEAU II

Clermont, le prêche de la croisade

LE RÉCITANT. Clermont ! La montagne des clercs, la montagne éclairée, le mont clair, quatre cents crosses de prêtres violets couronnent son sommet, sur son pic le pape, à sa base, le long de ses flancs les chevaliers vêtus de fer et de plumes, des moines, des pères, un père, un père impérial, impérialisme. Impérialisme !

Le pape Urbain, un porte-voix à la main, perché sur le plus haut praticable, ou volant dans les airs maintenu par une corde, elle-même fixée à un cintre (un arbre pour Avignon), prêche la croisade. Plus loin Pierre l'Ermite en écho prêche aussi, un évêque et un riche commerçant reprennent les paroles en les déformant ; réponse enflammée du peuple. On s'habille, cuirasses et armes, on fabrique des bâtons de route, on prépare des vivres, on se dit adieu, etc., peu à peu la scène n'est plus éclairée que par des grandes croix parsemées de-ci et de-là sur le plateau, fabriquées en néons qui s'allument au fur et à mesure de l'enthousiasme populaire. Violence, virilité, mouvement sauvage.

La musique rauque, sourde, terrifiante monte en même temps que le fanatisme pour se terminer sur une marche du départ vers Jérusalem avec un chant de "Dieu le veut". Son intensité faiblira simplement lorsque les quatre personnages se présenteront. Après la double scène faite d'une simultanéité contrastée entre le dialogue de Rome et le chant de Pierre l'Ermite, la scène du prêche de la croisade et de l'enflammement du peuple doit être pulsive et roulante comme un volcan. Symphonie de voix, de gestes, de sensualité et d'espoir.

LE PAPE *(avec son porte-voix)*. Ohé ! Bruns, roux et frisés sur la langue de qui fond la blanche hostie ! Levez-vous et approchez !

PIERRE L'ERMITE. Apprenez peuplade issue du doigt de Dieu, apprenez qu'à l'est le soleil ne se lève plus sur la tombe du Christ ! Il éclaire chaque matin les faces noires et les poignards des Arabes qui vautrent leurs corps poisseux sur les saints lieux de Jérusalem…

LE PAPE. Nos églises d'Orient sont étables à chameaux…

PIERRE L'ERMITE. Dieu qui a permis à l'hortensia de continuer à fleurir après l'an mille et à ton enfant de grandir…

LE PAPE. Dieu veut sa délivrance !

PIERRE L'ERMITE. A Jérusalem !

Intervention musicale. Fabrication de la marche, intervention n° 1. Se séparent du groupe un officier recruteur et un homme de forte taille.

L'OFFICIER. Ton nom ?

ROLAND BONNEHACHE. Roland Bonnehache. Homme libre de la région de Beaume.

L'OFFICIER. Métier ?

ROLAND BONNEHACHE. Bûcheron. Tailleur de pierre à Gargouille, coupeur des grosses langoustes à cheval qui galopent contre les créneaux de mon village... pas de femme mais beaucoup d'enfants... *(Il rit.)*

L'OFFICIER. Age ?

ROLAND BONNEHACHE. Je ne sais pas...

L'OFFICIER. Baptisé ?

ROLAND BONNEHACHE. Trois fois...

L'officier lui regarde les dents, tâte ses muscles.

L'OFFICIER. Tu crois en Dieu ?

BONNEHACHE. Ça ne se voit pas ?

L'OFFICIER. Non ! Tu crois en Dieu le fils de la Vierge ?

ROLAND BONNEHACHE. Y a pas le choix je connais pas les autres...

L'OFFICIER. Si tu ne meurs pas en chemin ou en bataille...

ROLAND BONNEHACHE. Ce n'est pas une bataille qui me tuera, je combats tous les jours contre des forêts entières, et des chevaliers pilleurs : tu vois je suis encore là ! Je couperai vos Sarrazins plus fin que les ardoises de ton église.

L'OFFICIER. Reviendras-tu en Occident ?

ROLAND BONNEHACHE. Non ! Le pape nous a promis des terres, et Dieu aussi. J'en aurai une là-bas mais une terre sans prince, ni roi... j'en rêve toutes les nuits... une terre sans corniaud comme toi.

L'officier lève son épée, Roland sort sa hache, et d'un seul coup abat un arbre.

LE PAPE. Je te fais sergent !

L'officier lui peint une croix sur la poitrine.

PIERRE L'ERMITE. Allez partez partez brigands et voleurs, mais trompés, lépreux partez sur le chemin où les sapins deviennent palmiers !

LE PAPE. Dieu le veut.

TOUS. Dieu le veut ! Dieu le veut.

Deuxième intervention musicale dans la construction de la marche.

L'OFFICIER *(s'agenouillant)*. Monseigneur ?

BOUCLEROSE. Bouclerose... Marquis de Bouclerose.

L'OFFICIER. Monseigneur les princes qui croient n'ont pas à être contrôlés.

BOUCLEROSE. Je sais, je sais mon petit, je ne pars pas, François part à ma place.

L'OFFICIER. Bien monseigneur.

BOUCLEROSE. C'est un charmant garçon, il porte ma livrée depuis déjà trois mois et il me satisfait, disons même qu'il me plaît, *(vers le ciel)* je te le donne Jésus… c'est plus qu'un sacrifice… c'est une offrande.

LE PAPE. Tu ne pars pas marquis de Bouclerose ?

LE SEIGNEUR. Non. Le cheval me donne le mal de mer et puis curieusement je ne supporte pas les races étrangères, mais je te donne François il blanchira mon âme en même temps que la sienne… A propos j'oubliais.

Il lance un sac d'or au pape, le majordome le ramasse.

LE PAPE. Accordé !

L'OFFICIER *(saluant Bouclerose qui se retire en faisant des signes d'adieux à François)*. Monseigneur…

Il tire François par le bras comme un animal.

LE PAPE *(incitant)*. Allons l'Ermite ; allons !

PIERRE L'ERMITE. Partez ! Partez ! Pieds nus ou chaussés, courez ! Volez ! Vous êtes le typhon de Dieu !

LE PEUPLE. Jérusalem ! Dieu le veut ! Jérusalem !

Fabrication sonore de la marche, mouvement musical n° 3.

L'OFFICIER. Ton nom ?

FRANÇOIS. François.

L'OFFICIER. J'ai dit : ton nom !

FRANÇOIS. Je n'ai que celui-là.

L'OFFICIER. Métier ?

FRANÇOIS. Je cultive le seigle et le blé et la rave / Sur la terre où il pleut profond / Profond jusqu'à mon père / Je plante mes graines et mes pieds dans son crâne / Et c'est moi, tout verdi par sa sève qu'on coupera / A la moisson.

L'OFFICIER *(l'examine)*. ... Le marquis ne perd pas grand-chose... tu vas crever en route... on a trop de lépreux et de pouillards... pas besoin de moribond de plus... va-t'en !

FRANÇOIS *(suppliant)*. Sergent ! Je sais manier la lance, l'écu, l'épée...

L'OFFICIER. Sers-t'en pour creuser ta tombe et si tu veux mon avis dépêche-toi.

Il s'en va.

FRANÇOIS. Oui je vais mourir ! Mais près de lui, avec lui... Sergent ! Il est mort pour moi, je veux mourir à côté de lui, en Palestine... Sergent... !

Sous ma terre froide recouverte de rave pourquoi viendrait-il me chercher... ? Il y a tant de pauvres morts sous ce blé qui pousse, tant de morts nus dans la glaise, sans sommeil, sans cercueil, tant de morts qu'il oublie à travers les racines des fleurs, tant de morts pour toujours. Laissez-moi y aller, je veux qu'il me voie.

L'OFFICIER *(qui ne s'occupe plus de lui)*. Allons à qui d'autre ! Toi viens ici...

FRANÇOIS *(ramasse de la terre et se trace une croix sur la poitrine avec ses mains)*. C'est moi François, tu me relèveras le premier quand tu reviendras... Jésus. *(Il se mêle aux autres.)* Jérusalem !

Construction de la marche, quatrième intervention musicale.

LE PAPE. Très bien ! Très bien ! Encore un peu l'Ermite...

PIERRE L'ERMITE *(hystérique)*. Christ ! Christ ! Je t'apporte tes fils !

Durant les préparatifs de la croisade, une femme est restée à l'écart, se promenant telle une personne égarée parmi les futurs croisés. De temps à autre un homme lâchait sa croix pour l'étreindre puis tout de suite la repousser. Cette fille errante n'ayant que son corps pour communiquer, pour se faire aimer, ne serait-ce qu'un instant, c'est "Josepha". Elle a un comportement double, à la fois d'animal blessé, apeuré, poussant de petits glapissements, mais aussi sa féminité, "sa femellité", la transporte parfois vers les autres avec une assurance qui en réalité est l'expression d'un instinct de survie ; la sensualité, elle la vend, elle la donne, elle l'offre parce que c'est le dernier lien qui lui reste avec la réalité, ce lien la tient suspendue au-dessus d'un puits vide, sans fond, si elle ou on le coupe elle tombera éternellement. Quatre femmes l'ont repérée, la chassent puis la poursuivent en essayant de la lyncher.

LES FEMMES *(la poursuivant. Josepha comme un animal fuit poussant de petits cris de bête affolée).* Josepha la folle… femme du Diable… Catin… empoisonneuse… chèvre de Satan… je vais te tuer… brûlons la maladie… arrachons-lui les seins… Josepha la folle…

Josepha parvient à leur échapper de justesse après quelques accrochages, elle se réfugie sur le seul endroit qui lui reste, au pied de la plus haute croix. Au moment où les femmes qui maintenant l'encerclent la tiennent à portée de leurs mains Roland Bonnehache et François les repoussent. Elles s'enfuient comme des oiseaux terrifiés par ce bûcheron et ce compagnon noirci de terre.

ROLAND BONNEHACHE. Femmes de chevaliers, femmes de marchands, du large, où je vous tranche la tête…

FRANÇOIS *(à Josepha essoufflée, accrochée à la croix).* Qui es-tu ?

JOSEPHA. Josepha.

FRANÇOIS. Josepha, la mère de mon père s'appelait Josepha.

JOSEPHA. Josepha… la folle, Josepha des bois… Josepha… dans le lac chaud là-bas… je donne la jouissance à la contrée… Josepha la traînée…

FRANÇOIS. Descends…

JOSEPHA *(recule apeurée)*. Non ! Je suis Josepha… la Dame qu'ils vont tuer… Josepha sans âme, derrière mes yeux sans pleurs, seulement des jambes écartées d'où tombent de petites larmes…

ROLAND BONNEHACHE *(à François)*. Dis-lui qu'on l'emmène !

FRANÇOIS *(doux)*. Viens…

JOSEPHA. Où ?

FRANÇOIS. A Jérusalem…

JOSEPHA *(tout à coup joyeuse montrant la croix)*. Pour l'aimer… lui…

FRANÇOIS. Oui.

JOSEPHA *(tout à coup rayonnante)*. Ohé ! Les petits enjupés ! Curés je veux les accompagner ! Je saurai prier mieux que tous ! Josepha, je me donne moi… à lui… Alors emmenez-moi.

FRANÇOIS. Attention !

Roland Bonnehache se jette sur elle pour la cacher. Et lui peint une croix sur les seins...

FRANÇOIS *(l'entraînant dans le groupe).* Viens...

Josepha rit comme une enfant.

LE PAPE. Pour vous les chevaliers ! Je vous donne Byzance, les châteaux, les duchés, les terres infinies que vous rencontrerez ! Je vous donne les sultans et les califes et les calices pour boire leur sang ! *(Il leur jette une croix qui se plante à terre.)* Vous êtes des croisés ! Car Dieu le veut !

Cinquième intervention musicale dans la construction de la marche.

VOIX OFF *(+ galop de chevaux + bruit d'armes).* Raymond de Saint-Gilles, Godefroy de Bouillon, Gautier Sans-Avoir, Sigebert de Gembloux, Guillaume de Jumièges, Henri de Lunebourg, Onfroi de Khorsand, Hugues de Vermendois, Aimar de Monteuil, Dudon de Montbellet, Robert de Sardeval, Renaud de Salamente, Buel d'Orjhnelm, Charles de Dubesset, Rainaut de Gaudier, etc.

Le pape hurlant de joie se balance au bout de sa corde tandis que Pierre l'Ermite peint à même le corps avec une peinture rouge des croix sur les hommes et les femmes. Seules les croix en néons éclairent le plateau. Musique violente et épique qui se transforme bientôt en marche, tous chantent "Dieu le veut". *Costumes étranges, cris de femmes, galops de chevaux tandis que les noms des chevaliers s'achèvent. Les marcheurs s'ébranlent vers l'orient représenté par un soleil qui s'incendie. Contre-jour.*

Noir.

TABLEAU III

Une halte au nord de l'Italie

Durant le noir, ambiance, chaleur, climat méridional rendu par le son (insectes, bruissements, etc.). Bande sonore ou travail vocal. Un faisceau de lumière saisit un personnage agile qui marche trottinant ou sautant, bondissant parfois. Son costume est parsemé de besaces et de poches garnies d'os blancs. Il tient dans ses mains deux bâtons au bout desquels sont suspendus des squelettes rafistolés, les uns en forme d'hommes, les autres veulent avoir l'air d'hommes, mais paraissent plutôt fabriqués avec des restes d'ossements d'animaux qui mis bout à bout tentent de reconstituer un squelette humain. Le nom de ce personnage est "Cabriole", colporteur nomade, hâbleur généreux, conteur d'histoires insensées que seule l'agilité de sa langue et de son corps rendent crédibles, sage et fou. Il vend pour vivre des "reliques de saints" qui portent bonheur. Il transforme en "grigris" les os des saints. C'est la sagesse païenne qui se sert de la folie religieuse.

CABRIOLE *(seul)*. Ohé ! Ohé ! Personne dans cette vallée !? Ohé ! C'est pourtant bien la route la plus fréquentée en cette saison ! Ohé ! Ohé ! *(Aux squelettes.)* Si vous voyez quelqu'un : criez ! Ohé ! Marcheurs, pèlerins, chevaliers ne partez pas sans un os de saint Silvert qui vous protègera de l'hiver ou une relique de la très sainte Lucie qui guérit toutes les maladies ! Ohé ! Pas âme qui vive ! Ni dans la plaine, ni sur les montagnes ! *(Aux squelettes.)* Toujours rien à l'horizon ! Trois semaines que je n'ai pas vendu un os ! A part un demi-tibia de saint Barnabé soldé une misère à une vieille sorcière pour touiller ses philtres de Satan, rien... *(On entend des jappements de chiens affamés et des hurlements de loups. Cabriole se met à courir.)* Ohé les saletés de saloperie, eux ils sont partout. *(Il sort quelques os de ses poches et les jette en direction des aboiements, tout en courant terrorisé.)* ... Trois vertèbres de saint Jean et deux doigts de la bienheureuse Ingrid ce qui fait douze écus d'or pour ne pas me faire bouffer tout cru ! Quel métier ! Ah Vierge Marie, pourquoi n'y a-t-il pas un saint, pas un seul petit saint pour protéger les vendeurs d'os de saints ! *(Aux squelettes.)* Eh les gars, là-bas quelqu'un ! Enfin ! Allons-y ! Ohé ! Ohé ! Attendez ne partez pas sans un morceau du pied de sainte Camille qui enrichira votre famille ! Ohé ! *(Il s'approche de l'homme qu'il avait aperçu, il est replié au pied d'un arbre, ne bouge pas.)* Bonjour monseigneur, je me présente : Cabriole, je... bonjour... vous dormez ? Oh ! *(Il le secoue par la manche, l'habit de l'homme lui reste dans les mains, tandis qu'un squelette tombe par terre ! Cabriole fait un bond en arrière.)* Il est mort ! *(Il s'approche, le regarde.)* Tout jeune vingt ans à peine ! Mourir à cet âge-là, ça ne peut être qu'un martyr ! Un saint martyr, un jeune saint martyr. *(Il regarde derrière le col de son habit et lit le nom écrit.)* Matthieu ! J'en ai déjà un ! Mais deux saints Matthieu valent mieux qu'un ! *(Il accroche son squelette à un bâton.)* Me voilà remboursé des vertèbres de saint Jean et des doigts d'Ingrid ! Allez viens Matthieu… je te préviens en ce moment ce n'est rose tous les jours. *(Il se remet en marche.)* Ohé, marchands, pèlerins, chevaliers, ohé ne partez pas sans… *(On entend une immense troupe d'hommes en marche, certains chantent, cliquetis d'armes, le cadencement des pas… on ne les voit pas.)* Qu'est-ce que c'est ! Vierge Marie, vous m'avez exaucé ! Des milliers et des milliers d'hommes en marche ! La fortune ! *(Il saute pour attirer l'attention.)* Hop ! Hop ! Regardez Cabriole ! Il vous apporte des porte-bonheur, Hop ! *(Il regarde ses os.)* Je n'en aurai jamais assez ! Je les couperai en dix ! Hop ! Hop ! Par ici ! *(Le bruit de la marche s'amplifie, devient terrifiant, le martèlement des pas, le crissement des chariots, les chants gutturaux, le hennissement des chevaux, le frottement métallique des armes, prennent peu à peu une sonorité effrayante, c'est les habitants de l'enfer sortis du ventre fumant de la terre qui sont en marche. L'enthousiasme de Cabriole devient hésitant, puis se transforme en inquiétude, et l'inquiétude en peur. S'arrêtant dans son élan, puis reculant.)* Ouhla ! Tout ça ne me semble pas très catholique !... *(Musique et bruit redoublant.)* Non ! Non ! Ce ne sont pas des acheteurs, de saints... Ils marchent comme des hyènes... Vierge Marie ! Ils ressemblent à des barbares... *(Aux squelettes.)* Bon, si je ne veux pas vous ressembler, foutons le camp mes petits. *(Il s'enfuit, la musique prenant plus de puissance l'immobilise tremblant, il se retourne.)* Des Huns ! Ce sont des Huns ! Ou Attila ! Des envahisseurs ! Des sauvages qui s'emparent de l'Italie ! Et personne ne m'a prévenu ! Oh oui c'est Attila ! Je le reconnais ! Vierge Marie ! Ils ont des têtes de loups ! Matthieu dis-moi, c'est eux qui t'ont boulotté ? Réponds ! *(Il se met à trembler, tous les os font de même.)* Quoi ! Je rêve ! Pincez-moi ! *(Il fait deux pas en avant.)* Non je ne rêve pas ! Là-bas une croix, oui c'est bien une croix ! Ce sont des Huns avec une croix ! Donc ce sont des bons, des chrétiens-Huns avec des gueules de hyènes et Attila, mais avec une croix ! Ouf j'ai eu peur ! Merci Vierge Marie ! J'ai cru un instant qu'on était envahis par des barbares alors qu'on est envahis que par des Huns chrétiens ! Hop ! Hop ! Hé ! Partez pas sans le coude de sainte Blandine qui vous débouchera les narines ! Hop, ici c'est Cabriole : chansons ? Traductions ! Porte-bonheur ! *(Aux squelettes.)* On a eu chaud ! *(La scène s'éclaire, un groupe de croisés fait une halte parmi lesquels Josepha, François, Bonnehache, etc.)* Messeigneurs, à ce que je vois j'arrive à temps ! *(Aux squelettes.)* Ça va ils ont tous une croix ! Je suppose qu'avec tant d'hommes, de carrioles, de vieux, d'enfants et de dames, vous partez conquérir l'empire du Japon et tout de suite après la lune et Jupiter ! Et vous alliez le faire sans un petit bout d'os à votre cou ! Pauvres conquérants ! Un peu plus et c'était la défaite assurée. Alors j'ai pour dix écus... *(Il montre la marchandise.)*

ROLAND BONNEHACHE. Eh toi !

CABRIOLE. Monseigneur... Non ! Non ! Les autres après, monseigneur est le premier ! Une très belle rotule de saint André est à mon avis et sans vous commander ce qu'il y a de mieux pour un homme de votre intelligence... et puis...

ROLAND BONNEHACHE. C'est par ici Jérusalem ?

CABRIOLE. Jérusalem ?

FRANÇOIS. Oui la cité des Jésus... comment estelle ? L'as-tu déjà vue ?

CABRIOLE. Si je connais Jérusalem ?!! J'y suis né ! Ainsi que mon père, ma mère et quarante oncles et tantes.

JOSEPHA. Alors c'est encore loin ?

CABRIOLE *(gêné)*. Loin ?... Loin ?... Si par "loin" vous entendez "près" alors c'est loin, mais si par loin vous entendez "loin" alors c'est près !

L'OFFICIER. Allons-y ! Debout ! Il n'y a pas de temps à perdre, ce genre de repos fatigue ! Debout !

Eh toi tu vas obéir, n'oublie pas que je suis sergent ! Sergent !

CABRIOLE. Inutile vous n'y arriverez pas !

FRANÇOIS. Que dis-tu pauvre fou ! Que dis-tu ?

CABRIOLE. Je dis que jamais vous ne pourrez atteindre Jérusalem.

ROLAND BONNEHACHE. C'est pas la route ?

CABRIOLE. Si sire, toutes les routes mènent à Jérusalem.

UN HOMME. C'est un nègre envoyé par les Turcs !

CABRIOLE. Donnez à boire à cet homme il n'est pas encore assez ivre pour me faire rire !

UNE FEMME. Pourquoi n'y arrivera-t-on pas ?

CABRIOLE. Ah voilà ! Voilà une cervelle bien charpentée : elle pose une question. Pour voler, il faut des ailes, un bel oreiller se fait avec des plumes, pour manger il faut des dents, eh bien pour parvenir à Jérusalem il faut…

FRANÇOIS. La foi et je l'ai.

CABRIOLE. Ça ne suffit pas, il faut…

BONNEHACHE. Une hache pour couper les infidèles en quatre !

CABRIOLE. Ça n'en fera pas quatre chrétiens, ça ne suffit pas, il faut…

JOSEPHA. Donner son corps, son âme, aimer…

CABRIOLE. Oui très bien, mais encore.

UN HOMME. Allez assez ! Puisque je vous dis que c'est un Maure envoyé par les islamiques !

CABRIOLE. Encore deux gorgées et il sera parfait !

BONNEHACHE. Alors petit mariole, que faut-il pour atteindre ce Jérusalem.

CABRIOLE. Moi ! Eh oui c'est comme ça ! Si vous achetez un os de mes saints spécialisés dans la protection des voyages Occident-Jérusalem aller et retour vous êtes non seulement certains de dormir dans les murs de la sainte cité, mais aussi de revenir sains et saufs ! Et quand je dis sains et saufs, cela veut dire saints et saufs.

JOSEPHA. Vrai ?

CABRIOLE. Que je sois damné si je mens.

L'HOMME. Il l'est déjà !

CABRIOLE *(éclate de rire)*. Cette fois, il a trop bu, il dit la vérité ! Alors ?

Tous se précipitent sur lui.

CABRIOLE. Doucement ! Le menton de saint Grégoire, voilà, oui mettez-le en sautoir, trois écus. Le métacarpe de sainte Blandine contre la famine, six écus. Le nez de saint Matthieu, non monseigneur, c'est pour les yeux ! Quatre écus, doucement ! Doucement ! *(Musique. Il se fait prendre d'assaut tous ses os, les pièces volent.)* L'avant-bras de saint Thomas...

UNE FEMME. Mais tu l'as déjà vendu six fois !

CABRIOLE. C'est un miracle ! Merci saint Thomas ! La tête de saint Gautier ?

UN HOMME. Je l'ai déjà.

CABRIOLE. Pardon c'est celle de saint Albert : ils se ressemblaient !

UNE FEMME. Vous n'avez rien de sainte Agathe ?

CABRIOLE. Si, deux omoplates... *(A un homme lui prenant la jambe.)* Non ça c'est à moi...

L'OFFICIER. Allons, ça suffit, partons !

Il ne reste plus rien à Cabriole. La musique de marche reprend, les hommes et les femmes ont disparu. Il est de nouveau seul capté par le faisceau de lumière.

CABRIOLE. Vous partez à la guerre ? On dirait que vous en revenez.

FRANÇOIS. Sous les trompettes et les drapeaux nous avons tué... déjà.

UNE FEMME. Et cela est juste et bien.

FRANÇOIS. Dans les rocs, près des villages blancs en Pologne, nous avons tué déjà.

LA FEMME. Et cela est juste et bien.

JOSEPHA. Des hommes et des femmes aussi… beaux… belles… cheveux noirs et mains douces… avec leurs enfants aussi.

ROLAND BONNEHACHE. Il a bien fallu que je le fasse.

LA FEMME. Nous avons tué déjà, et cela est juste et bien.

ROLAND BONNEHACHE. Regarde ma hache, elle ne coupe plus, j'en ai tué… tué… tué.

L'OFFICIER. Frapper, frapper, frapper dans la vermine, pires que les Maures, pires que les Turcs.

ROLAND BONNEHACHE. Frappez, frappez dans la vermine, qu'on nous criait.

FRANÇOIS. Pires que les Maures, pires que les Turcs.

LA FEMME. Et cela est juste, juste et vrai.

JOSEPHA. Ennemis du Christ, ennemis du Christ.

ROLAND BONNEHACHE. Cinq cents villages nous avons brûlé. Du feu, du feu…

FRANÇOIS. Du feu dans le ciel et derrière les yeux de chaque croisé… on a frappé.

L'OFFICIER. Frapper, frapper.

LA FEMME. Et cela est bien et cela est juste.

JOSEPHA. Ennemis du Christ, pires que les Maures, pires que les Turcs…

CABRIOLE. Pires que les Maures ? Pires que les Turcs ? Santa Maria. Au nord, vers la Pologne ! Santa Lucia ! Je ne connais pas ces gens… des diables sûrement.

ROLAND BONNEHACHE. Cinquante mille nous en avons rassemblé, étouffé à coups de caillasses dans la gueule.

JOSEPHA. Et saigné, jusqu'à détremper la bure des moines marcheurs, et saigné, jusqu'à rougir la terre, et saigné jusqu'à rendre le sang joyeux comme le vin, et saigné jusqu'à inonder leurs maisons, et saigné, jusqu'à ce que tous prennent joie à les saigner.

CABRIOLE. S'ils saignent, ce ne sont pas des démons…

LA FEMME. Et saigné, parce qu'il fallait les saigner.

L'OFFICIER Frapper, frapper dans la vermine. *(Il éclate de rire.)*

LA FEMME. Ennemis du Christ, ennemis du Christ.

CABRIOLE. Hé la fille, à part les démons, le Christ a-t-il d'autres ennemis ?

FRANÇOIS. Les juifs… c'étaient des juifs… sous les trompettes et les drapeaux cinquante mille juifs ont été tués.

Tous se mettent en marche.

CABRIOLE *(après une hésitation)*. Je les suis, je ne risque rien, de toute façon ils deviendront squelettes.

TABLEAU IV

Embarquement et traversée en mer

LE RÉCITANT. Scintillant comme des tigres humides, les uns descendirent à pied dans le poussiéreux talon de la botte italienne, bientôt rejoints par quelques chefs enroulés d'acier et de brocarts grenats, serrant contre leurs cuisses métalliques les jeunes ventres laineux des poulains normands. L'autre bras de ce fleuve blanc, écaillé de croix, glissa lentement vers la mer se gonflant de villages secs, de femmes fruits et de solitaires lumineux. *(A partir de ce moment la scène s'éclaire très lentement tandis qu'interviennent en crescendo plusieurs récitants entre le texte desquels les éléments vocaux et musicaux construisent peu à peu une matière sonore autour de la mer – port, corne de brume, clapotis, etc. Ce voyage en mer sera, tant plastiquement que gestuellement, très immobile, baigné par une lumière lunaire et bleutée. Seul de temps à autre un grand poisson argenté sautera par-dessus les hommes, pour retrouver dans un plongeon appétissant la mer qu'il vient de quitter. Le bruit du retour à l'eau, de la pénétration dans la mer du poisson sera le seul bruit très réaliste et enregistré de la scène. A deux voix.)*

1) La mer bleue rouspète et pète contre le port.
2) Elle attend, frissonnant ses poils blancs.
1) Buzenels, galiotes, saetties, barques et planches rondes.
2) Barques et planches rondes.
1) Voiles grasses encore en friche.
2) Elle attend avec le vent.
(A trois voix.)
3) Le sel mouillé commence à rompre les souliers de cuir.
1) Les bateaux s'enfoncent.
2) Lentement ils s'enfoncent.
3) Les casques montent sur le bois.
2) La mer est crème.
1) Les cuillers matées se chargent de croisés.
2) Les pins écartent leurs aiguilles.
3) L'envie du vent peut maintenant.
1) La toile cache le ciel pour tous.
3) Fer, bois, eau.
1) Ecume lentement.
2) Sifflement du soleil.
3) Rouille.
1) Au loin déjà.
2) Bleu et vert d'avant en arrière.
3) Souffle et rames.
1) Sommeil.
2) Fraîcheur dans les dents.
3) Huit navires oubliés par la terre.
2) Ecartent l'eau.
3) Comme des mains dans une crinière.
1) Acier des nuages.

2) Christ rouge.
1) S'éloignant.
3) Vers l'or de l'Orient.
2) Croix et mâts.
1) Rêves.
3) Rêves.
2) Avant le sang.
3) Doucement.
2) Etoiles.

Le grand poisson passe par-dessus le navire et les hommes.

LES MARINS. Nuit d'air et nuit d'eau / Balancés par les vagues / Par-dessus les astres du taureau / Sous la quille le démon des algues / Dormez ! / Nuit d'air et nuit d'eau / Nous seuls ogué voyons / La lumière de la mer / Nous seuls ogué savons / Le chemin des chimères / Dormez ! / Nuit d'air et nuit d'eau / Entourés de ténèbres aux yeux verts / Nous vous conduisons ogué / Vers des villes dorées, ogué / Dormez ! / Marchandises d'Eglise / Dormez, ogué !

Le grand poisson passe par-dessus le navire et les hommes, quelques marins veillent, le reste des passagers dort, ambiance fluide et calme, le bateau glisse.

LE RÉCITANT. Songe de Josepha.

A la musique de la mer vient se superposer celle étrange d'une âme qui s'éveille. Josepha endormie près d'un bastingage se lève, elle n'a pas la robe maculée de boue et déchirée qu'elle portait jusque-là mais un voile diaphane la recouvre. Son corps se dessine sous le tissu. Elle fait quelques pas. Dans le ciel les étoiles s'allument.

CABRIOLE *(en haut d'un mat, en équilibre).* Sommeil, liberté de la raison, mon royaume, ouvre à ces pauvres détenus du jour et de la parole tes portes de verre et de fumée.

JOSEPHA *(marchant près des hommes en armes).* Vierge / Vierge de l'impureté.

Mon sexe moiré / Brille / Perle d'eau sur du foin / C'est l'enfant Jésus / Qui naît / Sur la paille / Du désir.

Vierge / Au cœur battant / L'amour rouge / Des vivants.

Vierge / Mille fois visitée / Par des anges déplumés.

Christ / Ta mère ta fille ta putain / J'approche / Pour te lécher / Le dos / Mon ventre et mes mains / Les ronces de ta nuque / Et le sang rouillé / De tes pieds / Je suis ta vierge / Josepha / Qui vient la chair tendue / Se faire serrer par tes bras / Sur la croix / Homme martelé dans le bois / Tu as besoin de moi / Je suis la vierge de l'enfer / Qui viens à toi.

Elle se couche et se rendort.

LES MARINS. Nuit d'air et nuit d'eau / Nous seuls ogué voyons / La lumière de la mer / Nous seuls ogué savons / Le chemin des chimères.

Le grand poisson passe au-dessus du navire.

CABRIOLE. Dormez fous de fer et de terre. Profitez de l'onde qui est si loin du monde : soulevez votre crâne et agrippez tout ce que l'on vous doit avec vos ongles ! Allez !

Le grand poisson passe au-dessus du navire.

LE RÉCITANT. Songe de Roland Bonnehache.

Roland Bonnehache se réveille dans un songe. Tous les hommes sont superbement vêtus autour de lui, les femmes ont les seins nus et les cheveux défaits, on s'agenouille à son passage. Les costumes sont éclatants, inconnus, des armes, surtout des haches en or ou en diamants, parsèment les airs. Une musique de puissance et de jouissance se mêle au vent et à la rengaine de la mer.

LE RÉCITANT Songe de Roland Bonnehache.

HOMMES ET FEMMES *(murmurent).* Voilà Roland, le roi / Roland Bonnehache / Voilà le roi sergent / Le roi sergent est de retour.

UN HOMME. Alors Roland, ami, camarade roi ?

UNE FEMME. Dis-nous roi sergent Bonnehache…

UN HOMME. Sont-ils enfin morts ?

UNE FEMME. Leur as-tu mis la tête dans leurs tripes ?

ROLAND BONNEHACHE. Larbins, clochards, pue-la-sueurs et paysans, / Livreurs, éclopés, balayeurs et palefreniers ? / Valets, serfs, tous mes princes, tous mes chevaliers, / Etes-vous là ?

TOUS. Oui roi sergent !

ROLAND BONNEHACHE. Et Josepha la reine ?

Josepha se réveille, entre dans le songe de Roland et monte sur un trône avec une cape pourpre.

JOSEPHA. Je suis là bûcheron mon amant. Je t'attends.

UNE VOIX *(très réelle enregistrée).* Réveillez-vous marchandise d'Eglise / et ramez ! / Debout vermines chrétiennes / Le vent tombe, ramez !

JOSEPHA. Quelle est cette voix ?

ROLAND BONNEHACHE. Un fantôme Josepha que j'ai sans doute mal tué ! *(Rires. Roland sort des mains tenant des bourses dorées.)* Quelques marchands qui volaient des mendiants, en riant. *(Il jette des dentelles et des chapeaux à plumes.)* Tous les marquis de Germanie et de Flandre / Que j'ai décapités / Sans attendre / Qu'ils aient terminé / De pendre / La piétaille pour s'amuser.

Le grand poisson passe au-dessus du navire et plonge dans l'eau. Bruit de la pénétration dans la mer enregistré.

UN HOMME. Dieu vient juste de passer pour te féliciter, roi sergent !

ROLAND BONNEHACHE. Ce que j'ai fait Dieu le veut.

TOUS. Dieu le veut !

UNE VOIX *(off, enregistrée avec beaucoup de réalité).* Alors fainéants ! Il faudra vous taper dessus pour vous réveiller ! Le vent est tombé ! Allons, réveillez-vous ! Réveillez-vous !

ROLAND BONNEHACHE. Troupeau berné / Pour qui / La loterie / Du ciel a mal tourné / Innocents et naïfs exploités… / Bestiaux qui vous traînez / Derrière d'inaccessibles carottes argentées…

UN HOMME. Alors ?

ROLAND BONNEHACHE. Le monde est à nous !

UNE FEMME. Tu les a tués !

ROLAND BONNEHACHE. Tous ! *(Cris de joie et mouvements au ralenti rythmés par une musique étrangement onirique. Il tient un sac derrière lui, d'où il sort les objets ci-dessous cités, il sort trois têtes grotesques et couronnées.)* Le roi de France, d'Angleterre et le prince de Castille / Qui dansaient en famille. / *(Il jette les têtes, on les plante sur des piques, cris de joie. Il sort des mitres auxquelles sont accrochées des têtes grotesques de rapaces.)* Dix évêques / Qui plongeaient leurs gros becs / Dans le sang presque froid / De cent mille villageois.

Cris de joie. On plante les têtes.

JOSEPHA. Roland quelle est cette voix !?

ROLAND BONNEHACHE. Quelle voix ? Tu rêves Josepha ! Viens. *(Il l'embrasse avec force.)* Voilà un peu de réalité ma reine.

UN HOMME. Et le pape ?

UNE FEMME. Le pape qui nous a promis la terre et le paradis ?

UN HOMME. La terre et le paradis si l'on croyait en lui !

Roland Bonnehache sort de son sac une soutane blanche ensanglantée.

TOUS. Aah !

ROLAND BONNEHACHE. J'ai beaucoup hésité à le trucider.

TOUS. Pourquoi ?

ROLAND BONNEHACHE. Il était en train de copuler ! *(Rires électroniques comme dans un rêve.)* Ils croyaient échanger notre misère / Contre des femmes, un peu de vin / De la bière / Ils voulaient que ma hache / Abatte l'empire d'Orient / Et sculpte dans son bois / Leurs trônes de tyrans… / *(Sa voix commence peu à peu à se déformer, à s'allonger, les mots perdent progressivement leur durée habituelle, les phrases ondulent comme dans un bain d'huile ; les hommes et les femmes, au fur et à mesure que le discours de Roland Bonnehache se gonfle d'un souffle étrange qui va jusqu'à lui enlever tout sens vers sa fin, quittent lentement les riches vêtements dont ils étaient vêtus et se replacent dans les positions endormies qu'ils avaient au début du rêve de Bonnehache.)* Il nous offrait le Christ / Mais le Christ est à nous / Je suis le roi sergent / Qui interdit / A partir d'aujourd'hui / Le nom, le titre et les honneurs de roi. / A nous l'égalité / Je vous offre la terre et ses vergers. / Le Christ est parmi nous / Je suis le sergent / Je suis Roland Bonnehache / Bûcheron / De la contrée proche / De Clermont / Je coupe les Turcs et les…

Sa voix totalement déformée n'est plus qu'une série de sons graves et gras qui sortent avec mollesse de sa bouche.

LA VOIX *(off enregistrée).* Réveillez-vous ou c'est le fouet !

Tous sont endormis dans leurs positions premières. Seul Roland Bonnehache continue à se battre et à gesticuler contre l'air, il est encore à peine debout.

UN OFFICIER DU BATEAU *(c'est lui dont la voix était enregistrée, s'approche un fouet à la main de Roland Bonnehache et le secoue brutalement).* En voilà un qui se réveille ! Eh paysan ! Si tu veux arriver chez le petit Jésus remue ton cul ! Ici y a pas de miracles ! Aux rames !

ROLAND BONNEHACHE *(sursautant).* Je suis Roland Bonnehache ! Y a des femmes et du vin où on va ?

L'OFFICIER. Y a du bois sur lequel tu vas tirer ! *(Il le bouscule.)* Allons dépêchez-vous ! *(Tous se réveillent et vont aux rames.)* On y va pas comme ça au paradis ! *(A François qui se lève.)* Non pas toi ! T'arriverais pas à soulever un verre d'eau de mer ! Reste là. Allons-y !

Tandis que dans une moiteur d'orage le bateau prend une couleur qui appartient tant au gris qu'au bleu, couleur qui est celle de la mer et du ciel, François immobile, les yeux fixés sur un horizon absent, regarde sans voir. Les rames tapent sur l'eau. Bientôt un éclair suivi d'un roulement de tonnerre illumine un instant le ciel et brise le silence de la mer. Il se met à pleuvoir.

CABRIOLE *(descendant du mat après le coup de tonnerre).* Ooh ! J'ai failli me casser les os !... Je les aurai vendus... Mais si mal ! *(Il s'approche de François.)* Tu ne rames pas François ! Tu as bien raison, laisse-les faire, il ne faut jamais choisir de direction...

FRANÇOIS. Je dois aller en Terre sainte.

CABRIOLE. Elles le sont toutes.

FRANÇOIS. Celle du Christ est autrement.

CABRIOLE. Oui. Elle sent la cacahouète et l'herbe d'assassins.

FRANÇOIS. Elle est douce et grasse / Comme un plat de seigneur.

CABRIOLE. Océan de caillasse !

FRANÇOIS. Les graines grimpent en fleurs / Jusques aux bouches.

CABRIOLE. Fruits secs et vénéneux !

FRANÇOIS. Le petit est puissant / Et le puissant petit.

CABRIOLE. Esclave et maître / Comme ailleurs.

FRANÇOIS. La lune est chaude / C'est le soleil.

CABRIOLE. Glace et brûlure.

FRANÇOIS. Blanchie par son corps / La pierre creuse / D'où, mort, il est parti / Demeure encore.

CABRIOLE. Et si ce n'était pas lui !

FRANÇOIS. Il se montrera / Il me prendra près de lui. / Il me sauvera de la vie.

CABRIOLE. C'est un saint ! Un vrai ! / Quand d'une giclée de sabres turcs il t'aura fait crever, lègue-moi ta carcasse j'en tirerai bon prix et pour une fois je ne volerai personne !

FRANÇOIS. Là-bas / Si loin de mon toit / De feuilles et de froid / De mon toit / Que je n'ai pas / Là-bas / Dans ton pays / Chanté par nos peintures / Dans ton pays / Que je respire déjà / Toi / Pour qui j'ai gravé sur mon foie / Une croix / Montre-toi / Sauve-nous de la vie / Roue de frayeur / Ronde sans mélodie. / Montre-toi / *(Il crie.)* Montre-toi / Montre-toi !

TOUS *(apercevant la terre crient)*. Jérusalem ! Jérusalem !

La brume grisailleuse qui entourait le bateau est percée par-ci par-là de lumière qui forme bientôt dans le ciel le mot Constantinople. Tous lâchent les rames, et tels des enfants ébahis par les éclats d'un diamant s'approchent, les yeux dilatés d'étonnement de ces lumières. Une musique les accompagne, le bruit de la mer se retire.

LE RÉCITANT *(jaillit avec un rire méprisant et rageur).* Ecoute-les Jésus de Nazareth ! Ecoute-les ! Débouchonne tes oreilles pour une fois, fais sauter les boules de cérumen contre lesquelles viennent chaque jour rebondir et s'écraser des montgolfières de larmes et de prières. Ecoute-les Jésus de Nazareth !

TOUS. Jérusalem ! Dieu le veut ! Jérusalem !

LE RÉCITANT. Vas-y ! Y a même de la musique… *(Aux musiciens.)* Faites rougir vos luths et vos saxophones, le petit de la Sainte-Trinité enregistre… Tu les entends ?

TOUS. Jérusalem !

LE RÉCITANT. Sincères ! Déchirants ! Non ? Ils s'époumonent l'âme, ils volent presque ! Satisfaisant non ? Si si si ! Eh bien maintenant Jésus de Nazareth et toi aussi la Marie de Judée, décrottez-vous la rétine, basta ! Eteignez les auréoles et regardez ceux qui crient et qui vous aiment au point de vous faire exister ! Regardez ! *(Les hommes et les femmes ont débarqué. Ils chantent ou plutôt ils murmurent le chant "Jérusalem Dieu le veut". Ils sont immobiles dans leurs habits de gueux, Pierre l'Ermite est à leur tête. Le récitant avec une forte lampe-torche les éclaire les uns après les autres.)* Des crasseux, des miséreux au râble déformé, des aveugles illuminés, un ermite fêlé, oui fêlé ! Des grenouilles sans casque ni lance, des sans avoir, quelques dames qui ne marchandent même plus leur chair creuse et pustulée ! Regarde-les, Christos ceux qui portent ta livrée, ta bannière ! Tu prends racine dans les poitrines qui devraient te vomir, dans les mains qui devraient te tuer. Vois-le ton fumier ! tu pousses dans le caca gelé, sans force pour t'étouffer, parmi tes condamnés, tes sacrifiés ! *(Aux musiciens.)* Jouez ! Jouez ! Il va se tailler ce vieux cabot… Tu les as vus ? N'oublie pas jolie plante grimpante quand tu vas parfumer les palais, les piscines, les sénats et les villas, n'oublie pas que ta sève vient de ceux que tu piétines, d'espoir à bon marché ! *(Aux musiciens qui rejouent.)* Assez ! Il est parti se coucher !

UN CHEVALIER *(passe au galop)*. Ouvrez sacs et gamelles, nous arrivons dans une cité où l'on vous donnera à manger !

TOUS *(murmurent)*. Jérusalem ! Jérusalem ?

LE RÉCITANT. Mais non, troupeau de brebis égarées dans l'imbécillité ! C'est Byzance ! Petite halte trois étoiles réservée à vos généraux, aux ducs et aux barons ! Un arrêt pour la première classe ! Regardez vos dépliants croisés de la soute, ce n'est pas sur votre menu ! Byzance ! Champagne de la chrétienté, Byzance ! Quelques popes sur de la mosaïque, pépite d'or sur mandarine et jasmin, Byzance ! Baigneuse aux coupoles dorées et au vagin adoré ! Alors petits gueux n'entrez pas, allez dormir sous les remparts au pied de la cité. L'empereur-dieu Alexis et sa fille Anne Comnène attendent avec angoisse l'arrivée de ces tribus sauvages venues du couchant.

TABLEAU V

Byzance

La lumière éclaire une partie du plateau. Une lumière blanche crémeuse. Nous sommes à l'intérieur de la cathédrale Sainte-Sophie, l'empereur et sa suite assistent à l'office. Ils sont vêtus de linges blancs. Atmosphère de bains, de bains de vapeur. Drapés ouatés, quelques accessoires très luxueux, or et joyaux, par exemple des livres, des instruments de jeux (polo), un candélabre, etc., qui apportent à cette ambiance de cérémonie relâchée un scintillement de fabuleuse richesse qui est inhérent à toute amorce de décadence. Comme l'empereur était assimilé au Christ, il se peut qu'il ait une couronne d'épines sur la tête ou quelque autre attribut caractéristique de Jésus. D'autre part tous les gestes et les déplacements des Byzantins sont empreints d'une cadence où la lenteur le dispute à des ruptures gestuelles saccadées.

Tous les hauts dignitaires de la cour byzantine (maréchaux, patriarche, ministres, etc.) étant des eunuques, ce seront des femmes qui tiendront leur rôle. La scène commence donc dans la cathédrale Sainte-Sophie. L'empereur allongé sur un matelas devant l'autel, sa fille Anne sur une chaise à ses côtés, regarde d'un œil distrait le patriarche couper avec une lame, selon le rite en vigueur, un pain en quatre morceaux, il rompt ensuite le second et le donne à l'empereur et à sa fille tandis que un ou des moine(s) chante(nt) le "Cheroubikon", psaume byzantin louant l'entrée du Christ dans l'Eglise. Une fois l'office terminé l'empereur va dans son palais, suivi par sa fille et quelques conseillers. Il paraît las. On lui apporte un cheval et la partie de polo qu'il commence à disputer contre un de ses généraux semble à peine le distraire. Sa fille Anne s'assied sur des coussins brodés d'or, entourés de manuscrits qu'elle griffonne et qu'elle parcourt avec avidité. Au fond du palais une grande carte de l'Empire est déroulée. L'empereur perd au polo. Un serviteur s'occupe de la marque. Un messager arrive dans le palais, il est en sueur et tremble, il s'agenouille devant Alexis.

ALEXIS. Relève-toi Blemmydes ou allonge-toi, cette position ne doit pas être agréable.

BLEMMYDES *(essoufflé)*. O Basileus, empereur, Christ sur terre, reflet du triangle…

ALEXIS *(jouant mollement au polo)*. Astrologue Katanagkes, qu'ont prédit les étoiles de cette nuit ?

L'ASTROLOGUE KATANAGKES. Basileus ! Basileus ! Elles se sont rassemblées autour de la lune pour la couronner.

ALEXIS. Ah ah il s'agit encore de moi.

L'ASTROLOGUE. Ou de ta famille...

BLEMMYDES *(affolé)*. Alexis trois guetteurs...

ALEXIS. Poursuis astrologue... La lune ?

L'ASTROLOGUE. C'est la mort.

ALEXIS. Une couronne d'étoiles sur la lune, le ciel fait les choses joliment pour annoncer ma fin.

L'ASTROLOGUE. Ou celle d'un prince du sang impérial...

ALEXIS. La date.

L'ASTROLOGUE. Bientôt Basileus Alexis.

ANNE COMNÈNE. Père n'écoutez pas ces histrions païens.

ALEXIS *(descend de cheval et saisit par le col l'astrologue)*. Si d'ici trois jours, moi ou ma fille ne sommes pas morts je te fais pendre par les yeux !

Il fait signe à Blemmydes de parler.

BLEMMYDES. Trois guetteurs ont vu à l'occident des montagnes de poussière soulevées par une muraille d'acier couverte d'étendards et de croix. Basileus... La muraille... elle marche.

ANNE COMNÈNE *(se lève inquiète)*. Ils arrivent déjà...

BLEMMYDES. Le sol tremble et se fend jusqu'à la Corne d'Or, six villes ont été écrasées, pillées et incendiées...

ALEXIS. Katanagkes le ciel n'a pas annoncé leur arrivée ? A moins que tu n'aies dormi pendant qu'il le faisait…

KATANAGKES. J'ai veillé toute la nuit ; tes guetteurs sont ivres.

ALEXIS. Non astrologue… des fruits… et même s'ils l'étaient ils n'auraient pas vu pire dans leurs cauchemars d'ivrognes… Ils n'ont pas menti, ils n'ont pas rêvé.

ANNE COMNÈNE. Père, ferme tes portes, qu'ils contournent la ville.

BLEMMYDES. Ils ? Ils ? Ce sont des hommes ?

ALEXIS. Oui.

BLEMMYDES. Des hommes comme nous ?!?

ALEXIS. Non… Des fruits… Quel est le vainqueur de ce matin à l'hippodrome ?

UN SERVITEUR. Kafatos empereur.

ALEXIS *(il rit)*. … Inattendu…

On entend un grondement sourd.

BLEMMYDES. La muraille ! La muraille d'acier !

ALEXIS. Patriarche as-tu donné ton cours avant l'office à l'école Saint-Paul ?

LE PATRIARCHE. Oui Basileus !

ALEXIS. Le sujet ?

LE PATRIARCHE. Le sexe des anges.

ALEXIS. Féminin j'espère ?

LE PATRIARCHE. D'après les derniers textes nous penchons pour eunuque.

ALEXIS. Oui pourquoi pas... Ils chantent si bien dans mes songes.

Le grondement sourd s'amplifie et se rapproche.

ANNE COMNÈNE. Père ils approchent, tes ordres...

L'ASTROLOGUE *(apeuré à son tour)*. Qui sont-ils ? Empereur qui sont-ils ?

ALEXIS. Des êtres faits de trop de chair pour que tu puisses les deviner dans les étoiles. Des guerriers plus barbares que les barbares qu'ils viennent combattre. Peuplades à l'esprit gelé par leur climat de neige, peuplades à l'esprit étroit car il n'a pu s'épanouir dans des têtes prisonnières de casques de fer depuis trois siècles...

LE PATRIARCHE. Croient-ils en Christ ?

ALEXIS. Comme un âne à son foin, ignorant les prairies bleues du zodiaque, les plaines nourrissantes d'Aristote ou de Platon, le trèfle sucré d'Hermès Trismégiste... ou tout simplement les mille saveurs d'un abricot. Ils s'entretuent pour le Christ, ils se trahissent pour le Christ, ils bastonnent les gueux pour le Christ, ils volent et pillent pour le Christ et aujourd'hui ils viennent s'emparer de l'Orient... pour délivrer le Christ. *(Il rit. On distingue maintenant presque les pas des croisés.)* Anne ma fille lis-moi quelques pages du grand Psellos.

Anne commence à lire en grec un des livres du philosophe Psellos. Le patriarche, Blemmydes et l'astrologue sont visiblement inquiets par l'approche de l'armée des croisés.

BLEMMYDES *(n'y tenant plus).* Ferme les portes de Byzance Alexis ! Les chacals de France vont la saigner !

ALEXIS *(lui coupe un bras).* Blemmydes je suis Alexis le Basileus ! *(A ce moment une lance jetée du haut des murailles de la ville vient se planter non loin de l'empereur, sur les remparts un Turc de la secte des Haschichins, fanatique, chante un chant arabe annonçant la prise d'une province de l'Empire byzantin par les Turcomans puis il s'enfuit sautant le mur d'enceinte. Chant arabe d'Asie Mineure. Anne Comnène peint en rouge sur la carte de l'Empire byzantin la progression islamique.)* Qu'on ouvre les portes aux Francs ! *(A Blemmydes.)* Les loups picards, flamands et provençaux vont éventrer les hyènes de l'Islam ! Que l'on inonde les rues de lait et de miel ! Placez vos femmes et vos filles sur les terrasses, de la soie et de l'or, et que partout l'on chante les vers de Pisides.

Le plateau s'illumine de petits feux (torches + bâtons qui brûlent en jetant des étincelles), deux femmes chantent des chants grecs (si possible avec des textes de Pisides), d'un côté du plateau arrivent deux chefs croisés, vêtus de costumes de guerre entre ceux des croisés et ceux des chefs noirs, contraste des deux civilisations. Surimpression sonore sur le chant grec : "Godefroy de Bouillon, Bohémond, Raymond de Saint-Gilles, Tancrède, Baudouin…" De l'autre côté du plateau arrivent François, Cabriole, Josepha et Roland Bonnehache. L'image de l'illumination de Byzance doit être forte, peut-être pourrait-on se servir d'un dispositif d'ampoules qui serait incrusté dans les décors et dont on ne se serait pas encore servi jusque-là.

FRANÇOIS. Sentez ! Sentez le parfum des oliviers et des rameaux, nous sommes sur les rivages du pays de Jésus.

CABRIOLE. Madre de Dios ! Il y a tellement d'or ici que j'en parle espagnol ! Madre de Dios !

ROLAND BONNEHACHE. Regardez sur les terrasses. Bon Dieu mirez ! Des yeux d'amandes, des cuisses citronnées, des cheveux lisses comme un fleuve de charbon ! Regardez ! Elles sont si belles que je ne sais pas si ce sont des femmes ! Eh Cabriole ! *(A ce moment passe une femme orientale toute recouverte de voiles brodés.)* Approche ici jument de satin !

Roland Bonnehache et Cabriole attirent la femme richement vêtue de nombreuses soies et commencent à les lui ôter. La femme vocalise. Rire, cris, sensation de plaisir. Pendant qu'elle se fait déshabiller côté jardin, une tractation très rapidement orchestrée se déroule entre Alexis et les chefs croisés.

ALEXIS. Protection / Protection de mon empire / De ma chrétienne couronne.

PREMIER CHEF. Vivres / Or / Pain / Viandes / Pour six cent mille / Hommes.

Tout au long de ces tractations Anne Comnène déchire en morceaux la carte de l'Empire, les remet à son père, celui-ci les donne aux chefs croisés.

ALEXIS. Battez-vous / Que reculent / Turcomans / Seldjoukides / Haschichins.

DEUXIÈME CHEF. Territoires conquis / A nous ! / Duché, comté / Viles cités / A nous ! / Récolte / A nous !

ALEXIS. Byzance / Règne par-dessus / Les colonies.

PREMIER CHEF. Egalité de / Royaume. / Nègres et Maures / A nous !

ALEXIS. Ton sang blanc / Contre mes terres chaudes.

LES CHEFS. Ports et barils / Commerces / A nous !

ALEXIS. Vainquez !

LES CHEFS. Partout / Langue franque / Règles latines.

ALEXIS. Respect au Basileus ! / *(Silence court.)* Respect au Basileus ! / *(Silence court et hésitation des chefs.)* Respect au Basileus ! / *(Après un court instant, des regards en coin et une intimidation réelle les deux chefs s'agenouillent devant Alexis en signe d'allégeance. Pour lui-même, tout en leur imposant les mains sur la tête.)* Cerveaux crus / A qui manquent / Dix siècles de fermentation / Partez, / Saignant, crétins, et casqués, / Civiliser / La soie, l'arabesque et la science / Par le fer. / Tranchez les âmes cuites et délicieuses de l'Orient / De vos poignards / Tout juste inventés !

Alexis se retire accompagné de sa suite, il va regarder les étoiles qui s'éteignent peu à peu dans la nuit. L'astrologue lui montre la lune. Côté cour, Roland Bonnehache et Cabriole achèvent de "dévoiler" la femme orientale qui cesse sa vocalise. C'est Josepha, Anne Comnène près de son père chante au second plan une chanson de Pisides.

ROLAND BONNEHACHE *(suffoqué)*. C'est Josepha la gueuse !…

CABRIOLE. Trois perles sur la gorge, de l'or sous les yeux, du carmin pour sourire et la putain prend la beauté de la reine !

ROLAND BONNEHACHE *(se jetant sur les voiles de Josepha)*. Bon Dieu ! Des couvre-fesses en argent et des fichus de diamants…

CABRIOLE. Madre de Dios ! Madre de Dios !

ROLAND BONNEHACHE. Rien qu'avec un seul de ces torchons je pourrais acheter la moitié des forêts de Normandie…

CABRIOLE. Plus deux titres de baron et peut-être un évêché !

ROLAND BONNEHACHE. Où as-tu trouvé ça ?

JOSEPHA. Partout ! La ville est un oignon d'or, une poupée de soie empaillée de saphirs !

ROLAND BONNEHACHE *(prenant sa hache, ivre d'envie)*. A nous ! A nous ! Ohé marcheurs maigrelets, croisés aux pieds nus, épluchures de France, suivez Bonnehache ! Nous allons trousser cette grosse fille juteuse et manger dans son ventre les tripes et la moelle qui transforment les vilains couillons en seigneurs riches à millions.

CABRIOLE. Saint Hector je sens que je deviens païen… Non mais encore plus qu'à l'accoutumée… Attends-moi bûcheron !

Cabriole court rejoindre Roland Bonnehache. Tous sauf François partent piller la ville. Le pillage se traduit scéniquement de deux façons.

1° L'image.
Les lumières de Byzance s'éteignent peu à peu, ce sont les croisés qui dérobent les ampoules incrustées dans le décor et les mettent ou font semblant

de les mettre dans de grands sacs dont l'intérieur s'éclaire au fur et à mesure qu'ils se remplissent des richesses lumineuses de Byzance. Un rapt de lumières. Ce sont donc les comédiens eux-mêmes qui éteignant, ou plutôt déplaçant toutes les sources lumineuses, amènent progressivement le noir sur scène. Le pillage visuellement est un pillage de la lumière qui symbolise Byzance dans le décor.

2° Le son.
Les musiciens accompagnent les comédiens dans leurs rapines, et une sorte de joute sonore s'engage entre la matière sonore du pillage et la voix d'Anne Comnène chantant près de son père les vers de Pisides. Rapidement tout comme la lumière, la voix de la princesse est vaincue par les croisés. Le pillage sonore prend tout l'espace sonore. Break sec.

ALEXIS *(sous une ampoule qui l'éclaire encore faiblement)*. Je suis encore vivant Katanagkes…

L'ASTROLOGUE. Mais la lune…

ALEXIS. Elle ne s'est pas trompée astrologue, la mort vient de pénétrer dans Byzance… des fruits…

Le halo qui entoure Alexis s'efface doucement jusqu'à l'obscurité. La scène est noire, seuls, les sacs bourrés de vols "lumineux" forment des masses de lumières sur scène. Le vacarme du pillage reprend avec une folle intensité : à nouveau break sec.

FRANÇOIS *(seul)*. Dieu était là… je crois qu'il est parti.

Le noir se fait totalement ainsi que le silence bientôt interrompus par le récitant.

TABLEAU VI

Combats et déserts

LE RÉCITANT. Ne t'inquiète pas petit tu vas lui courir après ! Alors... alors, car n'oubliez pas mesdames et messieurs qui souriez sous vos lainages faits de cinquante pour cent de produits synthétiques, n'oubliez pas que cette histoire est vraie et que, oui douce jeune fille aux mamelons naissants tu vacilles et tu as raison de te presser contre les cuisses de ton père qui sent le bonbon anglais, car avant la fin de cette histoire, de cette histoire vraie, vous tous qui êtes ici et qui la regardez c'est vous que vous regarderez, c'est vous que vous écouterez car cette histoire, cette histoire vraie, c'est la vôtre ! *(Il éclate de rire. Reprenant avec ampleur et furieuse énergie.)* Alors ! Alors ! Ils quittèrent Constantinople, des flammes d'envie dans l'âme, l'estomac troué d'épices, le foie bien rempli. Mais ils avaient toujours la croix en main, sur l'étendard, peinte sur les seins, gravée dans l'armure. La croix. La croix ! Descendant vers les aloès brûlants, leurs épées encore barbouillées de fruits ils prirent deux villes, Antioche et Nicée. Avec le sang des sultanes ils inscrivirent sur le mur des mosquées "propriété privée" puis ils chantèrent des couplets obscènes en regardant pousser les mandragores sous les gibets ployant devant la lune. Au sud ! Plus bas, encore plus bas ! Là où le soleil agonise ! Plus bas encore plus bas ! Vers le tombeau du bourgeois du Jourdain. *(Tous les participants, acteurs, chanteurs, musiciens se mettent soit en carré, soit en file, soit encore se répartissent sur le plateau et, sur place commencent à marteler la scène avec leurs pieds, en cadence, de plus en plus fort et de plus en plus vite. Le récitant mène le rythme.)* Plus bas encore plus bas ! A travers les eaux chaudes et les scorpions géants !

TOUS *(chœur)*. Plus bas encore plus bas !

LE RÉCITANT. Ils tirent leur foi bourguignonne, flamande, picarde sur les montagnes de braises jaunes sans ruisseaux…

TOUS *(chœur)*. Plus bas encore plus bas !

LE RÉCITANT. Couverts de poussière rouge, ils courent…

TOUS *(chœur)*. Plus bas encore plus bas !

LE RÉCITANT. Les poignets en avant pour attraper là-bas…

TOUS *(chœur de plus en plus accéléré)*. Plus bas encore plus bas !

LE RÉCITANT. L'immaculée fraîcheur du trou où c'est que dort…

TOUS *(chœur)*. L'immaculée fraîcheur.

LE RÉCITANT. Du trou où c'est que dort le pardon glacé de leur vie, de leur petite connerie.

TOUS *(chœur)*. Plus bas encore plus bas !

LE RÉCITANT. La douche d'ombre pure que depuis qu'ils sont nés, tous cherchent pour noyer leur conscience dans l'oubli de la nuit.

TOUS *(chœur)*. Jérusalem.

LE RÉCITANT. Jérusalem !

TOUS *(chœur)*. Plus bas encore plus bas !

Rupture de rythme.

LE RÉCITANT. Mais !

TOUS *(chœur)*. Mais.

LE RÉCITANT. Mais au sortir d'un chemin de cailloux.

TOUS *(chœur)*. Soixante mille des moins armés. Soixante mille des moins armés.

LE RÉCITANT. Entendez-les crier !

TOUS *(chœur)*. Sont tués.

LE RÉCITANT. Entendez-les crier. La langue cuite dans le sable.

TOUS *(chœur)*. Sont tués comme gorets.

LE RÉCITANT. Ecoutez.

TOUS. Sont tués par Mahomet.

LE RÉCITANT *(plus silencieux).* Ecoutez leur cœur tout en sang.

TOUS *(plus silencieux).* Sont tués par Mahomet. Tués comme des enfants.

LE RÉCITANT *(murmuré).* Ecoutez…

TOUS *(murmuré).* Plus bas encore plus bas !

LE RÉCITANT. Ces flocons de plumes d'oie qui roulent dans la stratosphère…

TOUS. Plus bas encore plus bas !

LE RÉCITANT Ils retirent leurs ticket de martyres. *(La lumière a baissé parallèlement au son. Tout est noir et silencieux. Hormis le récitant qui parle suivi par un projecteur. Reprenant l'énergie de son phrasé.)* Les rois caparaçonnés se sont carapatés, luisants dans la déroute. Etincelles échappées de la fournaise sur des juments. Ceux qui vivent encore, ceux qui ne sont ni lanciers, ni rois, ni marquis, flottent sur les roches en feu des déserts perdus. Il fait jour sans cesse. Immobile soleil. *(Une note tenue et tendue se perçoit. On apporte sur scène deux ou trois très grosses gamelles, éclairages aveuglants à basse tension, qui sont suspendues à un mètre du sol. François, Josepha, Roland Bonnehache, Cabriole et quelques autres se trouvent sous cet éclairage jaunasse et beigeâtre. Ils sont assis ou allongés mais ne peuvent se tenir debout, écrasés par la chaleur du désert.)* Perdus. Fièvre de l'âme. L'horizon chaud n'a pas d'antilopes. Immobile soleil. La raison se met à danser sur la braise, l'esprit se multiplie et se craquelle torride. Désert ! Désert ! Autour ! En soi !

Le récitant se retire. La séquence qui suit est courte en durée mais doit visuellement ainsi que musicalement donner la sensation de la chaleur, du désespoir, du mirage, presque de la folie. Traitement de cette scène avec une lenteur très précise. Des miroirs, les uns petits, les autres de la taille d'un homme, sous des toiles ou portés, se découvrent peu à peu. Les uns reflétant les images des acteurs, les autres apportant un faux reflet ou même des personnages inconnus, tels des mirages. Personne ne bouge vraiment et pourtant tous remuent. Josepha dodeline sa tête. Roland Bonnehache efface comme si elle lui tenait trop chaud la croix peinte sur sa poitrine. Quelques-uns essayent de tordre un linge sur lequel un croisé a uriné, pour en extraire quelques gouttes désaltérantes. François seul tente de se lever. Il est le plus mal. Il est blanc, il pleure sans bruit. Chacun essaie de parler, mais comme étouffés par trop de chaleur les mots ne s'entendent pas ; ils fondent à peine sortis de la bouche. On voit les lèvres les dessiner mais seule la note tendue continue à briser le silence. Elle le remplace même. Temps. Chaleur. Par moments des croix au néon s'allument puis s'éteignent. Quelques personnages passent devant ces hommes qui meurent en fondant :
– Le pape Urbain II ;

– Pierre l'Ermite ;
– Un évêque.
Rêves ? Fantasmes ? Apparitions ?
Cabriole essaie de s'approcher de Josepha pour l'embrasser. Espérant plus trouver la fraîcheur dans sa bouche que le plaisir.

FRANÇOIS *(se lève et dit).* "Je suis l'alpha et l'oméga, le commencement et la fin. A celui qui a soif je donnerai de la source, de l'eau, de la vie. Celui qui vaincra, héritera ces choses ; je serai son Dieu et il sera mon fils." *(Il tombe à genoux : sourit puis dit :)* Mais moi… moi… / Je cultive le seigle et le blé et la rave / Sur la terre où il pleut profond / Profond jusqu'à mon père / Je plante mes graines et mes pieds dans son crâne / Et c'est moi, tout verdi par sa sève qu'on a coupé / A la moisson.

Il meurt. On le recouvre d'une toile formant la dune du désert. Les miroirs bougent, la peur fait place à la panique et la panique à la déraison. Les images se démultiplient à l'infini. Alors arrive d'un pas régulier un chevalier vêtu d'une armure noire et le visage masqué. Il tient une lance dans la main droite, une épée dans la gauche. Quand ils le voient hommes et femmes reculent et se tassent en groupe. (Nota – le chevalier porte peut-être une grande croix sur l'épaule : le Christ ?)

CABRIOLE. Pourquoi Jésus n'est-il pas mort en Italie ou à Chartres, il fait si frais là-bas.

TABLEAU VII

Jérusalem

LE CHEVALIER. Levez-vous. Voici que le chemin se termine. Levez-vous. Toi aussi le fou. Toi le sergent et toi la putain.

JOSEPHA. Et François le paysan.

LE CHEVALIER. Qu'il se lève.

CABRIOLE. Mais il est mort par la diarrhée.

LE CHEVALIER. Qu'il se lève.

François, à la stupéfaction de tous, sur l'ordre du chevalier "ressuscite".

ROLAND BONNEHACHE. Bon Dieu ! Comme dans la Bible même mieux que dans la Bible !

JOSEPHA. Qui es-tu ?

LE CHEVALIER. Je suis un homme.

UN HOMME *(ivre de chaleur)*. Où sommes-nous ? Où sommes-nous ici ? L'air brûle la peau jusqu'aux entrailles.

ROLAND BONNEHACHE. Où sommes-nous ?

LE GUERRIER. Tu ne l'as pas deviné ?

L'HOMME. Non ! Bon Dieu non !

LE GUERRIER. Toi non plus le fou ?

CABRIOLE. Non.

LE CHEVALIER. A quoi sert la folie !

CABRIOLE. A rien !

L'HOMME. Où sommes-nous crapaud noir ?

LE CHEVALIER. Maintenant que vos princes ont conquis leurs provinces, que vous avez mangé les terres et les hommes pour connaître ? Pour savoir ? Vous allez savoir et connaître. *(Il fait un geste. Un son doublé d'une lumière accompagne l'apparition d'une muraille orangée, un crucifix est planté entouré de lances turques et différents objets islamiques, tentures, turbans, minarets ; une femme maure chante près de la croix.)* Voilà la ville qui descend du ciel : Jérusalem. C'est dans son sein que se trouve la réponse. Armez-vous ! Sortez vos lances ! Car vous devez tuer les gardiens du tombeau pour en connaître le secret…

JOSEPHA. Toi qui vois les couleurs de la nuit, toi qui sais compter les rayons du soleil, pourquoi ne dis-tu pas ?…

CABRIOLE. Maintenant.

ROLAND BONNEHACHE. Où nous sommes ?

TOUS. Où nous sommes ? Pourquoi ?

LE CHEVALIER *(tout au long du discours du chevalier vantant la guerre le combat commence, s'installe. Un percussionniste jouant du tam-tam au centre en rythme l'intensité).* Parce qu'il me plaît de voir tentes et pavillons dressés, chevaliers et chevaux armés et me plaît quand je vois à leur suite une grande masse d'hommes et me plaît en mon cœur les palissades rompues et effondrées, masses d'armes, heaumes de couleur, les chevaux morts et les blessés. Je vous le dis je ne trouve point autant de saveur dans le manger, le boire ni le dormir qu'à entendre s'élever des deux parts le hennissement des chevaux vides et les appels "Au secours !" ; qu'à voir tomber par-delà les fossés grands et petits sur l'herbe ; qu'à voir enfin les morts qui dans leurs flancs ont encore les tronçons des lances, avec leurs pennons.

Pendant ce texte du chevalier, qui sera de préférence chanté, la guerre, l'attaque de Jérusalem, est traitée comme suit :

1. *Les attributs islamiques qui entourent le crucifié tombent peu à peu.*
2. *De grandes toiles blanches sont tendues depuis la muraille et tombent jusqu'à terre, tandis que comédiens et chanteurs versent lentement sur elle soit avec un jet, soit avec des récipients divers, des jets rouges qui les maculent de sang.*
3. *Au milieu du tableau passe une procession grotesque qui marche comme une fanfare allemande (orchestration) : c'est le pape satisfait et riant, suivi*

par deux évêques ou deux prêtres qui sur leurs épaules portent une longue planche sur laquelle sont fichées des statues de saints (très saint-sulpiciennes) dans des positions rieuses et stupides.
4. *Une fois qu'ils sont passés et que le texte du chevalier est terminé la scène est rouge, le son meurt. Le percussionniste tombe sur ses peaux.*

UNE VOIX OFF *(s'élève alors et dit).* Le 15 juillet 1099 les croisés prirent Jérusalem.

Une lumière très violente entoure alors une grande ouverture fermée par un linge. Seules sont demeurés sur la scène Josepha, Cabriole, Roland Bonnehache et François, ainsi que le chevalier. On entend du vent siffler et c'est tout. Les voiles de l'entrée du tombeau flottent légèrement. Cabriole, Roland Bonnehache, François et Josepha s'approchent de l'entrée puis s'arrêtent. Le chevalier retire alors son casque et l'on reconnaît le récitant.

LE RÉCITANT. Hé bien avancez ! Avancez !... Ouvrez ! Oui, oui c'est le très saint trou, le sépulcre, la boîte où rebondit LA Réponse... Avancez questionnaires de chair... Vous allez en savoir plus que le soleil si vous entrez... *(Les quatre personnages avancent lentement.)* Bravo encore un peu ! *(Au public.)* Regardez jolies vierges, instituteurs diabétiques, princes et duchesses, sous-préfets moustachus. *(Les quatre personnages continuent à faire quelques pas vers l'entrée du tombeau.)* Bien, bien respirez. *(Au public.)* Les mères vidées, ouvrez la cornée d'un coup d'ongle à vos nouveau-nés sinon ils ne vont rien voir… Allez !… Je réponds : oui à la girafe qui tousse au troisième rang ainsi qu'aux trois enfants de la propriétaire du pétrolier "Ouapiti IV" vous pouvez les accompagner… tous… ouvrez ! Croisés la croisière surprise va toucher le port. Vous allez savoir… Entrez entrez ! *(Il éclate de rire. Les quatre personnages pénètrent dans le tombeau en écartant les voiles. Coups sourds. Un par un, ils ressortent, comme poussés par une épaisse fumée. Le récitant saute sur le sommet du tombeau (et si possible se saisit d'un micro), une musique jaillit sous la fumée et bientôt apparaissent dans les nuages qui se dissipent, sortant du tombeau, une série de personnages (musiciens et comédiens) le visage peint en rouge ; leurs vêtements (voir description plus bas) forment un camaïeu de vermillon pourpre, orange et noir ; ce sont des personnages modernes (une star, un homme en chapeau claque tenant un immense panneau publicitaire, un motocycliste, une vendeuse d'ice-cream, etc.) mais aussi des personnages d'autres époques (marquis, Louis XIV, dresseur d'aigles, révolutionnaires, etc.) Tous sortent accompagnés par une musique moitié fanfare moitié sourde, qui a l'éclat d'un finale mais qui transporte dans ses notes et sa construction le malaise de l'angoisse profonde. Sur cette sortie, cette procession étrange qui passe devant François, Roland Bonnehache, Cabriole et Josepha, procession accompagnée de musique mais aussi de chants et de cris, le récitant juché sur le tombeau parle dans son micro avec une jouissance qui donne à ses mots la pénétration acide des aiguilles de diamant.)* "Où sommes-nous ! Où sommes-nous !"*(Il rit.)* Mais sous la cloche de verre, larves de la mappemonde en camembert, enfermées sous la voûte lisse, sans air, bulle de marbre à peine creuse – enfer ! Enfer rond comme la terre ! Enfer d'où vous ne sortirez jamais ! Gigotez canards, vous êtes embrochés ! Enfer ! Courez, fuyez, dites des vers, racontez des histoires ! Rien n'y change, vous êtes des grands brûlés ! Grillez, grillerez ! Allons-y les suicidaires appuyez sur vos revolvers ! PAN POM PAN ! Même par ce petit trou sanguinolent vous ne vous échapperez pas car après l'enfer il y a l'enfer ! Vous êtes tous morts depuis longtemps, parachutistes et plombiers, goûtez ! Goûtez vraiment ! Même le champagne est mauvais. Vous le savez maintenant spectateurs assis sur vos bancs... Ça ne finira plus, c'est votre faute, bougies grasses qui aviez la lumière, cierges soufflés ! Vous avez si mal vécu avant ! Bien avant ! Bien avant et maintenant tournez ! Tournez écureuils dans la cage d'acier, tournez, toi et ton fils et ton petit-fils et son chien, tournez la roue brûlante ! Tout autour du globe en feu ! Humanité pour toujours entre parenthèses. Car Dieu le veut !

Noir.

DIEU LE VEUT
de Jean-Michel Ribes
a été créée au Festival d'Avignon 1975,
au cloître des Célestins

Mise en scène : Jean-Michel Ribes
Scénographie et costumes : Yannis Kokkos
Musique : Georges Couroupos

Avec les chanteurs et comédiens : Lise Arseguet, Claude Aufaure, Michel Berto, Roland Blanche, Anne-Charlotte Delangre, Françoise Giret, Michel Jarry, Roger Miremont, Jean-Paul Muel, Nicole Robin, Spiro Sakkas, Bernard Segaut, Martine Viard et Jean-Robert Viard.

Et les musiciens : Vincent Bauer et les Menetriens, Henri Agnel, Marcelo Ardizzione, John McLean, Bernard Pierrot et Julien Skowron

TABLE

BABEL

Extrait du catalogue

COÉDITION ACTES SUD – LEMÉAC

Ouvrage réalisé par l'Atelier graphique Actes Sud. Achevé d'imprimer en mars 2006 par Bussière à Saint-Amand-Montrond (Cher) sur papier fabriqué à partir de bois provenant de forêts gérées durablement (www.fsc.org) pour le compte d'ACTES SUD, Le Méjan, Place Nina-Berberova, 13200 Arles.
Dépôt légal 1re édition : mars 2006
N° impr. : 060916/1
(Imprimé en France)